Taco feest: een culinaire reis door smaakvolle taco's

Ontdek de kunst van het maken van taco's met meer dan 100 onweerstaanbare recepten

Willem Wolters

Auteursrechtelijk materiaal ©202 3

Alle rechten voorbehouden

Zonder de juiste schriftelijke toestemming van de uitgever en de auteursrechthebbende mag zijn boek op geen enkele manier, vorm of vorm worden gebruikt of verspreid, met uitzondering van korte citaten die in een recensie worden gebruikt. Dit boek mag niet worden beschouwd als vervanging van medisch, juridisch of ander professioneel advies.

INHOUDSOPGAVE

INHOUDSOPGAVE..3
INVOERING..8
1. Overgebleven kiptaco's...10
2. Taco's met kip uit de slowcooker................................12
3. Taco met Citrus en Kruidenkip...................................14
4. Romige taco's met kip en avocado.............................17
5. Kip maïstaco's met olijven..19
6. Kip chili verde taco's..21
7. Kip Cheddar Verkoolde Maïstaco's............................23
8. Kiptaco's met rijst en Sherry......................................25
9. Gegrilde Kip & Rode Paprika Taco............................27
10. Rundvlees Taco's..30
11. Rundvlees, wilde paddenstoelen, biefstuk en Poblano-taco's...32
12. Taco's met laag vetgehalte van rundvlees en bonen 34
13. Rundvlees Cheddar Taco's...36
14. Taco's met kip uit de slowcooker..............................38
15. Snelle en gemakkelijke gemalen kalkoentaco's.......40
16. Slow Cooker Cilantro Limoen Kiptaco's..................42
17. Kiptaco's met huisgemaakte salsa............................44
18. Limoen Kip Zachte Taco's...46
19. Tex-Mex kiptaco's..48
20. Kiptaco's op harde schelpen en gebakken bonen...50

21. Appel en Ui Kip Zachte Taco's.................................52
22. Fajita Kiptaco's..54
23. Fiesta Kip Taco's..56
24. Gegrilde Kip Taco's...58
25. Zachte kip- en maïstaco's..................................60
26. Rotisserie Kip Cheddar Taco..............................62
27. Buffalo Kip Taco's..64
28. BBQ-rundvleestaco's.......................................66
29. Taco's van Barbacoa.......................................68
30. Krokante Hertentaco 's...................................70
31. Carne Asada Steak Taco's................................72
32. Kikkererwten Crêpe Tacos Met Kalfsvlees En Aubergine...74
33. Biefstuk Taco's en Salsa..................................77
34. Rundergehakt Taco's......................................79
35. Pantaco's met Rundergehakt en Witte Rijst..........81
36. Taco's met overgebleven hamburgers..................83
37. Rundvleestaco's in buffelstijl...........................85
38. Rundvlees Taco Wraps....................................87
39. Carnitas-stijl gegrilde rundvleestaco's...............89
40. Kleine Taco Rundvleestaartjes.........................92
41. One Pot Cheesy Taco-koekenpan.....................95
42. Rok Steak Street Tacos..................................97
43. Puerto Ricaanse Taco...................................100
44. Vlezige Taco Braadpan.................................102
45. Rundvlees Cilantro Taco...............................104

46. Tomatensoep rundvlees taco's..107
47. Gegrild lamsvlees met zachte taco's..................................109
48. Gegrilde varkenstaco's en papajasalsa.............................111
49. Taco's met geraspte varkensvlees.....................................114
50. Varkensvlees en Ei Taco..116
51. Varkensvlees Carnitas Taco's..118
52. Taco Truck Taco's...120
53. Taco's Met Gegrilde Kielbasa..122
54. Picadillo-taco's..125
55. Varkensvleestaco's, Californische stijl..............................128
56. Honing-Koriander Garnalen Zachte Taco's.........................131
57. Baja vistaco's..133
58. Garnalen Taco's...135
59. Vistaco's met Cilantro Slaw en Chipotle Mayo.....................137
60. Gegrilde garnalen en zwarte bonentaco's............................139
61. Gezwarte Cabo Fish Taco's..141
62. Pittige Garnalentaco's..143
63. Tilapia-taco's..145
64. Mojito-gegrilde vistaco's met limoensla-topping...............147
65. Gegrilde vistaco's met koriandersaus................................149
66. Gezonde vistaco's...151
67. Cajun-garnalentaco's met tomatillo-salsa..........................153
68. Ceviche-taco's..156
69. Gegrilde vistaco's met groene salsa..................................159
70. Margarita garnalentaco's..162
71. Zalm taco's...165

72. Zeevruchtentaco's met maïssalsa..................167
73. Zachte taco's met red snapper......................170
74. Taco's met vers fruit....................................172
75. Met fruit gevulde magere cacaotaco's............175
76. Kokosnoot Fruit Taco's................................178
77. Gebakken ananas & sinaasappeltaco's met geraspte chocolade...180
78. Vistaco's voor kinderen................................183
79. IJs taco's...185
80. Krokante Kikkererwten Taco's......................187
81. Tempeh taco's..189
82. Champignontaco's met Chipotle Cream..........191
83. Taco's met linzen, boerenkool en quinoa........193
84. Maïs Salsa Gegarneerd Zwarte Bonen Taco's...195
85. Gegrilde Haloumi-taco's...............................198
86. De eenvoudige veganistische taco.................200
87. Bonen en gegrilde maïstaco.........................202
88. Taco met zwarte bonen en rijstsalade............204
89. Taco's met taaie walnoten...........................206
90. Seitan-taco's..208
91. Geweldige tofu-taco's..................................210
92. Rajas con Crema Tacos...............................213
93. Tinga-taco's van zoete aardappel en wortel....215
94. Aardappel en Chorizo Taco's........................217
95. Zomerse Calabacitas-taco's.........................219
96. Pittige courgette en zwarte bonentaco's........221

97. Asperge taco's..224
98. Taugétaco met rundvlees.................................226
99. Taco's met guacamole bonen...........................227
100. Linzen taco's...229
CONCLUSIE..232

INVOERING

Welkom bij "taco feest: een culinaire reis door smaakvolle taco's"! Dit kookboek is een viering van het geliefde Mexicaanse gerecht dat de harten en smaakpapillen van voedselliefhebbers over de hele wereld heeft veroverd. Bereid je voor op een verleidelijk avontuur terwijl we de gevarieerde wereld van taco's verkennen, van traditionele klassiekers tot innovatieve fusioncreaties.

In dit kookboek hebben we een verzameling samengesteld van meer dan 100 onweerstaanbare taco-recepten die je smaakpapillen meenemen op een spannende achtbaanrit. Van zinderende taco's in straatstijl tot gastronomische wendingen en vegetarische lekkernijen, elk recept is zorgvuldig gemaakt om de levendige smaken, texturen en aroma's naar voren te brengen die taco's echt uitzonderlijk maken.

Of je nu een doorgewinterde kok bent of een beginnende keukenprinses, dit kookboek is ontworpen om je te inspireren en te begeleiden bij de kunst van het maken van taco's. Elk recept gaat vergezeld van duidelijke instructies, handige tips en levendige foto's die je zintuigen prikkelen en je culinaire reis des te aangenamer maken.

Dus pak je schort, sla tortilla's in en laat "taco feest" je gids zijn voor het creëren van onvergetelijke tacofeesten voor familie en vrienden. Maak je klaar om je taco-spel naar een hoger niveau te tillen en je maaltijden te voorzien van een feest van smaken. Laten we een duik nemen in de wereld van taco's en beginnen aan een culinair avontuur als geen ander!

1. Overgebleven kiptaco's

Maakt: 2

INGREDIËNTEN:
- 2 kopjes gekookte, geraspte kip
- 1 kopje tomatensalsa
- 2 eetlepels olie
- 1 teen knoflook, geperst
- 500 gram zwarte bonen, gekookt en uitgelekt
- $\frac{1}{4}$ theelepel zout
- 4 tortilla's
- 1 avocado, in plakjes

INSTRUCTIES:
a) Gooi het kippenvel weg door het vlees eruit te trekken.

b) Verwarm de salsa en kip in een grote koekenpan op middelhoog vuur.

c) Verhit ondertussen in een middelgrote koekenpan olie en kook knoflook en bonen.

d) Voeg zout en $\frac{1}{2}$ kopje water toe. Plet de bonen met de achterkant van de lepel om een romig mengsel te krijgen. Haal van het vuur.

e) Verwarm de tortilla's, voeg dan de kip toe en garneer met avocado's, salsa, koriander, partjes limoen en je bonenmengsel.

2. Taco's met kip uit de slowcooker

INGREDIËNTEN:
- 2 pond kipfilet of dijen
- 8 stuks biologische of gewone tortilla's
- 1 kopje biologische of zelfgemaakte salsa
- ½ kopje water
- 2 theelepels gemalen komijn
- 2 theelepels chilipoeder
- 1 theelepel knoflookpoeder
- 1 theelepel gemalen koriander
- ¼ theelepel cayennepeper (meer voor meer pit)
- ½ theelepel zeezout
- ¼ theelepel zwarte peper
- Toppings: Vers gesneden groenten naar keuze, verse koriander, olijven, avocado, verse salsa, limoenwig etc.

INSTRUCTIES:
a) Doe de stukjes kip in de slowcooker samen met water, gemalen komijn, chilipoeder, knoflookpoeder, gemalen koriander, cayennepeper, zout en peper. Meng om de kip te coaten.
b) Kook 4 tot 5 uur op de hoogste stand.
c) Verwijder de kip en versnipperen. Keer terug naar de slowcooker en kook nog eens 30 minuten.
d) Serveer kip in tortilla wraps en voeg salsa en toppings naar keuze toe.

3. Taco met Citrus en Kruidenkip

Maakt: 12 taco's

INGREDIËNTEN:
TACO'S
- 6 Kippendijen, met vel
- 3 Kippenborsten, met vel
- 2 Limoenen, schil en sap
- 2 Citroenen, schil en sap
- 1 kop Gemengde verse kruiden
- ¼ kopje Vermout of droge witte wijn
- ¼ kopje Olijfolie
- 1 theelepel komijn, geroosterd
- 1 theelepel Koriander, geroosterd
- 1 theelepel Knoflook, fijngehakt

GARNEER IDEEËN:
- Geplukte Cilantro Limoenpartjes Radijs lucifers
- Sla julienned (spinazie, ijsberg, boter of kool)
- Pico de Gallo
- Geraspte kaas
- Zure room
- Ingemaakte hete pepers

TE MONTEREN
- 12 bloemtortilla's

INSTRUCTIES:
TACO'S
a) Meng alle ingrediënten en laat de kip minimaal 4 uur marineren.
b) Grill de kip eerst met de huid naar beneden op de grill.
c) Als het voldoende is afgekoeld om grof te hakken.
DE TACOS SAMENSTELLEN

a) Neem twee tortilla's en leg er ongeveer een $\frac{1}{4}$ kip in elk en bedek met de gewenste garnituren.
b) Serveer zwarte bonen en rijstsalade naast taco's.

4. Romige taco's met kip en avocado

Maakt: 1 portie

INGREDIËNTEN:
- 1 ons rijpe avocado
- 2 eetlepels Magere natuurlijke yoghurt
- 1 theelepel citroensap
- Zout en peper
- Enkele slablaadjes versnipperd
- 1 sjalot of 3 lente-uitjes, bijgesneden en in plakjes.
- 1 Tomaat in partjes gesneden
- Kwart paprika, fijngehakt
- 2 tacoschelpen
- 2 ons geroosterde kip, in plakjes

INSTRUCTIES:
a) Pureer de avocado in een kleine kom met een vork tot een gladde massa. Voeg de yoghurt en het citroensap toe en roer tot het gemengd is. Kruid met peper en zout.

b) Meng de sla, sjalot of bosui, tomaat en groene of rode peper door elkaar.

c) Verwarm de tacoschelpen 2 tot 3 minuten onder een matige grill.

d) Haal ze eruit en vul ze met het salademengsel. Bedek met de kip en lepel de avocadodressing erover. Serveer onmiddellijk.

5. Kip maïstaco's met olijven

Maakt: 1 portie

INGREDIËNTEN:
- ⅔ kopje plus 2 eetl. gekookte kippenborst; versnipperd
- 1 pak Taco kruidenmix
- 3 ons ingeblikte maïs in Mexicaanse stijl; gedraineerd
- 4 tacoschelpen of bloemtortilla's
- ⅓ kopje plus 1 eetl. sla; versnipperd
- ½ middelgrote tomaat; gehakt
- 1 eetlepel Plus 2 theelepels gesneden rijpe olijven
- 1 ons geraspte cheddarkaas

INSTRUCTIES:
a) Combineer kip en taco-kruidenmix in een koekenpan op middelhoog vuur.

b) Voeg de hoeveelheid water toe die op de verpakking staat aangegeven voor het vullen van de taco. Aan de kook brengen. Zet het vuur laag tot medium.

c) Laat 5-10 minuten sudderen, af en toe roeren, of tot het water is verdampt. Roer de maïs erdoor en kook tot het goed is opgewarmd.

d) Verwarm ondertussen tacoschelpen of tortilla's zoals aangegeven op de verpakking. Vul elke schaal met ¼ kopje kipvulling.

e) Beleg elk met sla, tomaat, olijven en kaas.

6. Kip chili verde taco's

Maakt: 4 porties

INGREDIËNTEN:
- 3 kopjes geraspte kool
- 1 kopje verse koriander - licht verpakt
- 1 kopje groene chilisalsa
- 1 pond Kippenborsten zonder botten zonder vel
- 1 theelepel slaolie
- 1 Kipfilet zonder botten, zonder vel -- in de lengte doorgesneden
- 3 teentjes knoflook - fijngehakt
- 1 theelepel gemalen komijn
- $\frac{1}{2}$ theelepel gedroogde oregano
- 8 bloemtortilla's
- Minder vet of normaal

INSTRUCTIES:
a) Combineer kool, koriander en salsa in een serveerschaal; opzij zetten.
b) Snijd de kip kruiselings in reepjes van $\frac{1}{2}$ cm breed. Roer olie, ui en knoflook gedurende 2 minuten in een koekenpan met anti-aanbaklaag van 10 tot 12 inch op middelhoog vuur. Zet het vuur hoog, voeg kip toe en roer vaak tot het vlees in het midden niet meer roze is, 4 tot 6 minuten.
c) Voeg komijn en oregano toe; roer gedurende 15 seconden. Lepel in een serveerschaal. 3.
d) Wikkel tortilla's in een handdoek en kook in een magnetron op vol vermogen tot ze heet zijn, ongeveer $1\frac{1}{2}$ minuut. Schep aan tafel de kool- en kipmengsels in de tortilla's.

7. Kip Cheddar Verkoolde Maïstaco's

Maakt: 1 portie

INGREDIËNTEN:
- ⅔ kopje plus 2 eetl. gekookte kippenborst; versnipperd
- 1 pak Taco kruidenmix
- 3 ons verkoolde maïs
- 4 tacoschelpen of bloemtortilla's
- ⅓ kopje plus 1 eetl. sla; versnipperd
- ½ middelgrote tomaat; gehakt
- 1 eetlepel Plus 2 theelepels gesneden rijpe olijven
- Zure room
- 1 ons geraspte cheddarkaas

INSTRUCTIES:
a) Combineer kip en taco-kruidenmix in een koekenpan op middelhoog vuur.

b) Voeg de hoeveelheid water toe die op de verpakking staat aangegeven voor het vullen van de taco. Aan de kook brengen.

c) Zet het vuur laag tot medium. Laat 5-10 minuten sudderen, af en toe roeren, of tot het water is verdampt.

d) Roer de maïs erdoor en kook tot het goed is opgewarmd.

e) Verwarm ondertussen tacoschelpen of tortilla's zoals aangegeven op de verpakking. Vul elke schaal met ¼ kopje kipvulling.

f) Beleg elk met sla, tomaat, olijven en kaas.

g) Sprenkel zure room erover.

8. Kiptaco's met rijst en Sherry

Maakt: 6 porties

INGREDIËNTEN:
- 2 pond kipdelen
- ¼ kopje bloem
- 2 theelepels Zout
- ¼ theelepel Peper
- 1 kop ui, gehakt
- ¼ kopje boter
- 2 eetlepels worcestershiresaus
- ¼ theelepel Knoflookpoeder
- 1 kop Chilisaus
- 1½ kopje kippenbouillon
- 3 kopjes hete rijst, gekookt
- ½ kopje droge sherry

INSTRUCTIES:
a) Rol de kip in gecombineerde bloem, zout en peper.
b) Bruin in margarine.
c) Duw de kip aan de kant.
d) Voeg uien toe, bak tot ze transparant zijn.
e) Roer de resterende ingrediënten behalve rijst erdoor. Breng aan de kook, dek af en zet het vuur laag en laat 35 minuten sudderen.
f) Serveer kip en saus op een bedje van donzige rijst.

9. Gegrilde Kip & Rode Paprika Taco

Maakt: 6 Porties

INGREDIËNTEN:
- 1½ pond Kip zonder botten, zonder vel b
- 2 rode paprika's geroosterde plas
- 2 stengels bleekselderij, gewassen en in plakjes
- 1 Med rode ui, gepeld en fijngesneden
- ½ kopje Gekookte zwarte bonen
- ¼ kopje Gehakte korianderblaadjes
- ¼ kopje balsamicoazijn
- ¼ kopje olie
- ¼ kopje Sinaasappelsap
- ¼ kopje Limoensap
- 2 teentjes knoflook, gepeld en mi
- 1 theelepel gemalen korianderzaad
- ½ theelepel Peper
- ½ theelepel Zout
- ¼ kopje zure room of magere yoghurt
- 6 (8-inch) bloemtortilla's

INSTRUCTIES:
a) STEEK EEN GRILL AAN OF VERWARM een grill voor. Klop de kipfilets tot een gelijkmatige dikte en gril of rooster ze aan beide kanten tot ze gaar zijn, maar niet uitgedroogd, ongeveer 4 minuten per kant. It Makes: zinvol om de paprika's tegelijkertijd te grillen. Snijd, en zet opzij.

b) Combineer de paprika, selderij, ui, zwarte bonen en koriander in een mengkom. Meng de azijn, olie, sinaasappelsap, limoensap, knoflook, koriander, peper. Combineer met zout en zure room of yoghurt in een pot met een goed sluitend deksel. Goed schudden en de dressing over de groenten gieten.

c) Marineer de groenten 1 uur op kamertemperatuur. Zet een grote koekenpan op middelhoog vuur en gril de tortilla's 30 seconden aan één kant om ze zacht te maken. Verdeel voor het serveren de kip over de tortilla's en plaats deze in het midden van de tortilla.

d) Verdeel de groenten en hun dressing over de kip en rol de tortilla op tot een cilinder.

e) Serveer onmiddellijk; het gerecht moet op kamertemperatuur zijn.

10. Rundvlees Taco's

Maakt: 8 porties

INGREDIËNTEN:
- ½ pond mager rundergehakt
- 8 volkoren tortilla's
- 1 pakje tacokruiden
- Geraspte Romeinse sla & 2 grote tomaten
- ¾ kopje water
- 2 kopjes geraspte cheddarkaas

INSTRUCTIES:
a) Voeg in een middelgrote pan wat water, rundergehakt en taco-kruiden toe en breng alles aan de kook.

b) Verwarm de taco's aan beide kanten volgens de instructies op de verpakking en bedek met het vlees, de groenten en de saus.

11. Rundvlees, wilde paddenstoelen, biefstuk en Poblano-taco's

Maakt: 6 porties

INGREDIËNTEN:
- 1 eetlepel olijfolie
- 12 maïstortilla's
- 1 pond biefstuk
- 12 eetlepels salsasaus & ½ theelepel koriander
- ½ theelepel zout & zwarte peper
- 2 kopjes rauwe ui en 1 kopje gehakte knoflook
- ¾ kopje Mexicaanse kaas
- 1 Poblano-peper
- 2 kopjes wilde paddenstoelen

INSTRUCTIES:
a) Begin met het bruinen van het biefstukvlees in een geoliede middelgrote pan, samen met peper en zout. Haal de steaks eruit nadat ze aan beide kanten 5 minuten hebben gekookt en leg ze opzij.
b) Voeg de overige ingrediënten toe aan de pan en bak ze 5 minuten.
c) Serveer de warme tortilla's belegd met het champignonmengsel, in plakjes gesneden biefstuk, salsasaus en geraspte Mexicaanse kaas.

12. Taco's met laag vetgehalte van rundvlees en bonen

Maakt: 4 porties

INGREDIËNTEN:
- 1 pond rundergehakt
- gebakken bonen
- 8 tacoschelpen & tacokruiden
- 1 zoete ui
- salsasaus
- geraspte cheddarkaas
- 1 in plakjes gesneden avocado
- zure room

INSTRUCTIES:
a) Begin met het koken van het rundvlees in een geoliede pan en voeg de bonen en kruiden toe.

b) Leg de taco's op een bord en voeg het vleesmengsel, salsasaus, zure room, gesneden avocado en geraspte cheddarkaas toe.

13. Rundvlees Cheddar Taco's

Maakt: 16 porties

INGREDIËNTEN:
- 1 ½ pond mager rundergehakt
- 8 hele maïstortilla's
- 1 pakje tacokruiden
- 1 potje salsasaus
- 2 kopjes geraspte cheddarkaas

INSTRUCTIES:
a) In een geoliede koekenpan het rundergehakt langzaam aanbraden, de salsasaus toevoegen en goed mengen en het vlees laten uitlekken.

b) Warm elke tortilla op en voeg het vleesmengsel, de kruiden, wat salsasaus en cheddarkaas toe.

14. Taco's met kip uit de slowcooker

Maakt: 8 porties

INGREDIËNTEN:
- 1 pond kipfilets
- 1 pakje tacokruiden
- 1 pot salsa
- 2-3 tomaten
- Cheddar kaas

INSTRUCTIES:
a) Neem een middelgrote crockpot en kook het kippenvlees ongeveer 8 uur op laag vuur.

b) Voordat je het op tortilla's serveert, versnipper je het en voeg je de rest van de ingrediënten en smaakmakers toe.

15. Snelle en gemakkelijke gemalen kalkoentaco's

Maakt: 8 porties

INGREDIËNTEN:
- 1 pond gemalen kalkoen
- taco-kruiden
- 1 kop geraspte kaas
- $\frac{3}{4}$ kopje water
- 1 blik tomatenblokjes met basilicum, oregano en knoflook
- 1 blik zwarte bonen
- low carb tortilla's & sla

INSTRUCTIES:
a) Bak het kalkoenvlees in een middelgrote koekenpan totdat het bruin wordt.
b) Voeg het water, de in blokjes gesneden tomaten en bonen toe en laat sudderen tot ze consistent worden.
c) Schep het mengsel over elke tortilla en voeg sla en geraspte kaas toe.

16. Slow Cooker Cilantro Limoen Kiptaco's

Maakt: 6 porties

INGREDIËNTEN:
- 1 pond kipfilets
- 1 pot salsa
- 3 eetlepels verse koriander
- 1 pak Taco-kruiden
- 1 limoen (sap)
- 6 volkoren tortilla's

INSTRUCTIES:
a) Doe het kippenvlees, de taco-kruiden, de koriander, het limoensap en de salsa in een medium slowcooker; koken gedurende 8-10 uur op laag vuur (u kunt dit 's nachts doen).
b) Als je klaar bent, versnipper je het vlees en leg je het op je tortilla's, voeg de toppings naar smaak toe (olijven, sla, uien en andere sauzen).

17. Kiptaco's met huisgemaakte salsa

Maakt: 2 porties

INGREDIËNTEN:
KRUIDIG VLEES :
- 1 kipfilet (in blokjes)
- 1 teentje knoflook
- ½ tomaat
- ½ theelepel ui & chilipoeder
- ½ theelepel komijn & paprika
- ½ limoen (sap)

Salsa:
- ¼ kopje in blokjes gesneden ui
- ½ in blokjes gesneden tomaat
- 1 snufje zout
- ¼ kopje verse koriander
- ½ limoensap
- ½ in blokjes gesneden avocado
- ½ kleine Jalapeño peper

ANDER:
- 4 maïstortilla's
- ¼ kopje mozzarellakaas
- ½ kopje sla (versnipperd)

INSTRUCTIES:
a) Neem een middelgrote koekenpan, voeg de kip, kruiden, knoflook en limoensap toe en kook alles tot het net gaar is.

b) Giet de tomatenblokjes over de gebakken kip.

c) Begin ondertussen met het mengen van de ingrediënten voor de salsasaus. Verwarm elke maïstortilla, voeg het kipmengsel, de sla, de salsasaus en de mozzarella toe.

18. Limoen Kip Zachte Taco's

Maakt: 10 porties

INGREDIËNTEN:
- 1 ½ pond borstvlees (in blokjes)
- 10 Fajita-formaat tortilla's
- ¼ kopje rode wijnazijn
- ¼ kopje salsasaus
- ½ limoensap
- 1 theelepel splenda
- ¼ kopje Monterey Jack-kaas (versnipperd)
- ½ theelepel zout & gemalen zwarte peper
- 1 in blokjes gesneden tomaat
- ½ kopje sla (versnipperd)
- 2 groene uien en knoflookteentjes
- 1 theelepel gedroogde oregano

INSTRUCTIES:
a) Bak de kipfilet in een middelgrote pan ongeveer 15 minuten op middelhoog vuur.

b) Voeg wat limoensap, groene ui, azijn, oregano en andere smaakmakers toe en laat alles nog 5 minuten goed sudderen.

c) Verwarm elke fajita-tortilla in een grote koekenpan op middelhoog vuur aan elke kant.

d) Maak elke tortilla, voeg het kippenvleesmengsel toe,

19. Tex-Mex kiptaco's

Maakt: 4 porties

INGREDIËNTEN:
- 8 maistortilla's
- 1 pond kipfilet (stukjes)
- ½ kopje zure room
- ½ kopje sinaasappelsap
- 1 theelepel maizena
- ¼ kopje verse koriander
- 1 kopje bevroren hele maïskorrel
- 1 theelepel limoenschil
- 1 jalapenopeper
- 1 middelgrote zoete rode paprika
- 3 teentjes knoflook
- 2 theelepels olijfolie
- ¼ theelepel zout en zwarte peper

INSTRUCTIES:
a) Doe het kippenvlees en andere ingrediënten voor de marinade in een plastic zak en plaats deze 1-2 uur in de koelkast. Als het goed gemarineerd is, laat je het uitlekken en kook je het in een middelgrote koekenpan tot het krokant en zacht is.

b) Voeg de paprika's, wat marinade en maïzena toe en bak alles nog 2 minuten.

c) Verwarm elke tortilla 40 seconden in de magnetron, verdeel de kip erover en voeg wat zure room, sla, uien en kruiden toe.

20. Kiptaco's op harde schelpen en gebakken bonen

Maakt: 5 porties

INGREDIËNTEN:
- 1 kopje geraspte Mexicaanse kaas
- 5 maïstaco's
- 1 pond kippenvlees
- 1 pakje tacokruiden
- 1 kopje gehakte uien en tomaten
- ¾ kopje water en 1 blikje bonen
- 3 ons Spinazieblaadjes
- ½ kopje salsasaus

INSTRUCTIES:
a) Begin met het in kleine stukjes snijden van het kippenvlees en de uien en kook ze vervolgens 2-3 minuten in een middelgrote koekenpan op middelhoog vuur.

b) Voeg de spinazieblaadjes, het water en de kruiden toe en breng alles aan de kook.

c) Verwarm elke maïstortilla in een magnetron, voeg het kipmengsel toe, nog wat spinazieblaadjes, tomaten, bonen, salsasaus, kaas en wat kruiden.

21. Appel en Ui Kip Zachte Taco's

Maakt: 4 porties

INGREDIËNTEN:
- 6 bloemtortilla's
- 2 kipfilets (blokjes)
- 1 eetlepel boter
- 1 teentje knoflook
- ½ theelepel gemalen nootmuskaat en zwarte peper
- 2 kopjes gesneden appels & 1 kopje gesneden ui
- 4 eetlepels mangosalsa
- 1 eetlepel olijfolie

INSTRUCTIES:
a) Verhit op middelhoog vuur wat boter in een middelgrote koekenpan.
b) Voeg de appels en uien toe en kook ze tot ze bruin worden. Haal de appels en uien eruit en kook de in blokjes gesneden kipfilets tot ze gaar zijn.
c) Breng de uien en appels, gehakte knoflook en kruiden over.
d) Bedek elke tortilla met het mengsel en wat mangosalsa.

22. Fajita Kiptaco's

Maakt: 1 portie

INGREDIËNTEN:
- 1 pond kippenvlees
- 3 maïstortilla's
- $\frac{1}{4}$ blikje cheddarkaas
- 1 theelepel fajita-kruiden
- $\frac{1}{4}$ blik tomaten
- $\frac{1}{4}$ sla
- 1 eetlepel salsa-mild

INSTRUCTIES:
a) Kook de stukjes, kip en fajita-kruiden.

b) Verwarm elke maïstortilla in een middelgrote pan tot ze krokant worden.

c) Schep 1 theelepel salsasaus over elke tortilla, voeg de kip en andere groenten toe.

23. Fiesta Kip Taco's

Maakt: 10 porties

INGREDIËNTEN:
- 1 ½ pond kipfilet
- ½ eetlepel ui-knoflookpoeder
- 1 blikje nacho kaassoep
- 1 pakje tacokruiden
- 6 eetlepels groene chilisaus
- 4 eetlepels salsasaus

INSTRUCTIES:
a) Neem een crockpot en voeg de kipfilet toe. Meng de andere ingrediënten in een middelgrote kom en giet ze over de kip.

b) Stel de kooktijd in op 6-8 uur op laag vuur. Versnipper de kip met een klein mes.

24. Gegrilde Kip Taco's

INGREDIËNTEN:

- ½ kg kippendijen, ontveld en ontbeend
- 1 middelgrote ui, geschild en in grote partjes gesneden
- 2 teentjes knoflook, fijngehakt
- 1 eetlepel komijnzaad, gehakt
- 1 eetlepel plantaardige olie
- 1 theelepel zout
- ½ theelepel zwarte peper
- 8 tortilla's

INSTRUCTIES:

a) Zet de grill op middelhoog vuur. Meng in een middelgrote kom kip, uien, knoflook, komijn, zout, peper en olie.

b) Grill de ui en kip gedurende vier minuten aan elke kant of tot ze licht verkoold en gaar zijn.

c) Laat de kip een paar minuten afkoelen voordat je hem aansnijdt om te serveren met gesneden avocado's, Charred Tomatillo Salsa Verde, koriandertakjes, limoenpartjes en gesneden radijs.

25. Zachte kip- en maïstaco's

Maakt: 5

INGREDIËNTEN:
- ½ kg kip zonder been, in dunne reepjes gesneden
- 1 kopje Salsa
- 25 gram Taco Kruiden
- 2 kopjes witte rijst
- 10 bloemtortilla's
- ¾ kopje geraspte kaas
- Maïskorrels
- Geraspte koriander voor garnering

INSTRUCTIES:
a) Verhit op middelhoog vuur wat olie in een grote koekenpan.
b) Voeg de kip toe en roerbak deze ongeveer 7 minuten of tot de kip gaar is.
c) Voeg 2 kopjes water, salsa en kruidenmix toe en breng het mengsel aan de kook.
d) Voeg de rijst toe, dek af en laat 5 minuten koken.
e) Schep het mengsel op eerder opgewarmde tortilla's en besprenkel het royaal met de cheddarkaas.
f) Voeg naar wens wat maiskorrels toe.
g) Garneer met koriander.

26. Rotisserie Kip Cheddar Taco

Maakt: 6

INGREDIËNTEN:
- 3 kopjes rotisserie-kip, fijngehakt of versnipperd
- ½ kopje salsasaus
- 2 eetlepels honing
- 1 eetlepel limoen
- 2 eetlepels tacokruiden
- Zout
- Peper
- 6 maïstortilla's
- Olijfolie
- Cheddarkaas, versnipperd

INSTRUCTIES:
a) Klop alle ingrediënten samen behalve de kip en kaas.
b) Doe de gesnipperde kip in een magnetronbestendige schaal en roer de rest van het mengsel erdoor.
c) Plaats deze container gedurende 2 minuten in de magnetron, neem hem in
d) uit, roer en herhaal het proces totdat de kip goed is opgewarmd.
e) Sprenkel wat olie op een koekenpan en verwarm de tortilla's tot ze aan beide kanten goudbruin van kleur zijn.
f) Verdeel het kipmengsel gelijkmatig over alle tortilla's. Bestrooi met geraspte kaas en serveer met sla, in vieren gesneden kers
g) tomaten, koriander en zure room.

27. Buffalo Kip Taco's

Maakt: 3

INGREDIËNTEN:
- 1 kopje bleekselderij (in blokjes)
- 2 kopjes rotisserie-kip, fijn versnipperd
- ½ kopje roodgloeiende buffelvleugelsaus
- 1 eetlepel olie
- 6 maïstortilla's
- 1 ½ kopje Mexicaanse kaas (blend)
- Zout

INSTRUCTIES:
a) Doe de gesnipperde kip in een kom en giet de buffelsaus erover. Meng goed en doe het in de magnetron om het op te warmen.
b) Giet een eetlepel olie op een koekenpan en gebruik de tortilla's
c) verdeel de olie gelijkmatig over het geheel. Strooi aan één kant wat zeezout
d) van de tortilla's als je ze goudbruin laat worden in de
e) proces.
f) Draai binnen 30 seconden elke tortilla om en bestrooi de andere kant met wat kaas. Je kunt ook gewone cheddarkaas gebruiken. Zodra de kaas smelt, bestrooi met kip en selderij.
g) Serveer met blauwe kaas erover gestrooid of een pikante saus.

28. BBQ-rundvleestaco's

Maakt: 8 porties

INGREDIËNTEN:
- 1 pond mager rundergehakt (of kalkoen)
- ½ kopje Mexicaanse geraspte kaas
- 1 gesneden ui & rode peper
- 8 volkoren tortilla's
- ½ kopje barbecuesaus
- 1 in blokjes gesneden tomaat

INSTRUCTIES:
a) Begin met het koken van het rundvlees, uien en paprika's in een medium geoliede koekenpan tot ze gaar zijn, af en toe roerend.
b) Voeg de saus toe en kook alles 2 minuten.
c) Giet het vleesmengsel over elke tortilla en bestrooi met kaas en tomaten voor het opdienen.

29. Taco's van Barbacoa

Maakt: 20 porties

INGREDIËNTEN:
- 4 pond rundvlees
- ¼ kopje ciderazijn
- 20 maïstortilla's
- 3 eetlepels limoensap
- ¾ kopje kippenbouillon
- 3-5 ingeblikte chipotle chilipepers
- 2 eetlepels plantaardige olie & 3 laurierblaadjes
- 4 teentjes knoflook & komijn
- 3 theelepels Mexicaanse oregano
- 1 ½ theelepel zout & gemalen zwarte peper
- ½ theelepel gemalen kruidnagel
- ui, koriander en partjes limoen (fijngehakt)

INSTRUCTIES:
a) Meng in een middelgrote kom het limoensap, de knoflookteentjes, ciderazijn en andere smaakmakers tot ze glad zijn als een pasta.

b) Neem het vlees en bak het in een geoliede koekenpan gedurende 5 minuten, aan beide kanten. Voeg het mengsel uit de kom toe aan het vlees en blijf goed roeren.

c) Voeg na nog eens 10 minuten, terwijl de ingrediënten sudderen, het mengsel toe aan de voorverwarmde oven. Kook ongeveer 4-5 uur.

d) Serveer de maïstortilla's met het ovenmengsel, uien, koriander, partjes limoen en andere smaakmakers.

30. Krokante Hertentaco's

Maakt: 7 porties

INGREDIËNTEN:
- 1 pond gemalen hertenvlees
- 21 tacoschelpen
- 2 eetlepels tacosaus
- 1 blik Taco Bell opnieuw gebakken bonen
- 1-2 kopjes geraspte sla
- 1 theelepel chili kruidenmix
- $1\frac{1}{2}$ kopje geraspte kaas

INSTRUCTIES:
a) Begin je oven op te warmen tot 325 graden Celsius en bak dan het gemalen hertenvlees in een middelgrote koekenpan tot het fijnbruin is.
b) Voeg 2 eetlepels saus, kruiden en de opnieuw gebakken bonen toe en kook tot ze goed zijn opgewarmd.
c) Verwarm ondertussen elke tortilla een paar minuten in de oven en monteer ze vervolgens met sla, saus, vleesmengsel en wat geraspte kaas.

31. Carne Asada Steak Taco's

Maakt: 12 porties

INGREDIËNTEN:
- 2 pond flanksteaks
- 1 eetlepel vleeskruiden
- 1 limoensap & 1 theelepel komijn
- ½ theelepel zout & gemalen peper
- 2 eetlepels gehakte knoflook & 1 scheutje cayennepeper
- ½ theelepel chilipoeder
- 2 eetlepels verse koriander

INSTRUCTIES:
a) Snijd indien nodig het vet van het vlees, doe het in een grote zak samen met de limoen, 2 eetlepels water, kruiden en plaats het in de koelkast zodat alles goed bedekt wordt.

b) Haal het vlees eruit en gril het 5 minuten aan elke kant. Begin met het bereiden van de tortilla's, voeg de groenten, het gegrilde vlees en wat kruiden toe.

32. Kikkererwten Crêpe Tacos Met Kalfsvlees En Aubergine

Maakt: 4

INGREDIËNTEN:
- 2 ¼ kopjes kikkererwtenmeel
- ¼ kopje yoghurt
- 2 ½ theelepel zout (verdeeld)
- 3 ½ eetlepel olijfolie
- ¼ kg kalfsvlees (gemalen)
- 1 ½ theelepel komijn (gemalen)
- ¼ theelepel rode pepervlokken (geplet)
- 1 pond aubergine en snijd ze in blokjes van 1 "groot
- 3 teentjes knoflook (in dunne plakjes gesneden)
- ¼ kopje rozijnen (goudkleurig)
- ¼ kopje rode wijn
- 15 ons tomaten (in blokjes)
- ¼ kopje pijnboompitten (geroosterd)

INSTRUCTIES:
a) Klop in een middelgrote kom het kikkererwtenmeel samen met de yoghurt, 1 ¼ theelepel zout en water (2 kopjes en 1 eetlepel) en zet het opzij.
b) Verhit op middelhoog vuur in een grote koekenpan 1 eetlepel olie. Voeg het kalfsvlees, rode peper, komijn en ¼ theelepel zout toe aan de koekenpan om het kalfsvlees te koken.
c) Zorg ervoor dat je het kalfsvlees vaak breekt en roert, zodat het niet samenklontert. Als het kalfsvlees bruin begint te worden, (na ongeveer 4 minuten) haal je het vlees en de kruiden uit de koekenpan en doe je het in een middelgrote kom.

d) Verhit 2 eetlepels olie in de koekenpan, voordat je de aubergine en het resterende zout toevoegt. Bak de aubergine 5 minuten of tot hij aan alle kanten bruin kleurt.

e) Voeg nu knoflook toe en roer af en toe tot het een lichtbruine kleur krijgt.

f) Voeg rozijnen en wijn toe om het mengsel te koken. Vergeet niet om continu te roeren, gedurende een minuut, zodat het mengsel gelijkmatig wordt verwarmd.

g) Voeg de tomatenblokjes (met sap), het lamsmengsel, de pijnboompitten en $\frac{1}{4}$ toe

h) glas water. Roer en zet het vuur laag tot middelhoog vuur zodat het mengsel

i) kan sudderen. Roer af en toe. Sluit na ongeveer 15 minuten, wanneer de meeste sappen zijn verdampt, het vuur.

j) Wervel de resterende olie in een koekenpan van 20 cm met antiaanbaklaag, veeg het af met keukenpapier zodat er slechts een glans olie op de koekenpan achterblijft en verwarm het tot middelhoog.

k) Klop het bloemmengsel en giet ongeveer een derde van een kopje in de koekenpan.

l) Wervel om de pan volledig met het beslag te bedekken, om een crêpe te maken, bak beide kanten tot ze bruin zijn. Haal de crêpe uit de pan en herhaal het proces met het resterende beslag.

m) Schep de lamsvulling op de pannenkoeken.

n) Serveer met groene groenten, yoghurt en partjes citroen.

33. Biefstuk Taco's en Salsa

Maakt: 4

INGREDIËNTEN:
- 2 eetlepels olijfolie, verdeeld
- ½ kg zijsteak
- Zout
- Zwarte peper
- ½ kopje korianderblaadjes
- 4 radijsjes, schoongemaakt en fijngehakt
- 2 lente-uitjes, dun gesneden
- ½ jalapeño, zaadjes verwijderd en fijngehakt
- 2 eetlepels limoensap
- 8 maistortilla's

INSTRUCTIES:
a) Kruid de biefstuk met zout en peper en bak elke kant in een koekenpan op hoog vuur.

b) Giet de olijfolie in de koekenpan en bak elke kant ongeveer 5-8 minuten. Laat het nog vijf minuten rusten.

c) Hak de helft van de koriander fijn en meng met radijsjes, jalapenos, uien, limoensap en 1 eetlepel olijfolie. Breng op smaak met peper, zout en salsa.

d) Biefstuk in plakjes snijden, op elke tortilla leggen samen met een deel van het groentemengsel.

e) Serveer met queso fresco-kaas en de rest van de koriander.

34. Rundergehakt Taco's

Maakt: 4

INGREDIËNTEN:
- 8 maistortilla's
- 750 gram rundergehakt
- 4 eetlepels tacokruiden
- 1 bakje ijsbergsla, versnipperd
- 1 kop druiventomaten, gehalveerd
- ½ rode ui, fijngesneden
- 1 avocado, in plakjes

INSTRUCTIES:
a) Kook in een koekenpan rundergehakt en taco-kruiden samen voor
b) ongeveer 7 minuten op middelhoog vuur zodat het vlees gaar is
c) door. Giet af om overtollig vet te verwijderen.
d) Warme tortilla's en assembleer met gelijke porties rundvleesmengsel en bedek met sla, tomaten, ui en avocado's. Serveer met partjes limoen.

35. Pantaco's met Rundergehakt en Witte Rijst

Maakt: 4

INGREDIËNTEN:
- ½ kilo rundvlees
- 1 theelepel komijn
- 1 eetlepel chilipoeder
- 2 kopjes witte rijst
- 1 kopje kaas, versnipperd
- 2 kopjes water
- 8 tarwetortilla's
- Zout

INSTRUCTIES:
a) Bak het vlees in ongeveer 10 minuten bruin in een grote pan. Afvoer naar
b) verwijder eventueel vet.
c) Voeg de kruiden toe, roer 30 seconden voordat je water toevoegt. Zorg dat het op hoog vuur staat zodat het snel kookt. Roer de rijst en kaas erdoor. Dek af en laat 5 minuten op middelhoog vuur sudderen.
d) Giet af, indien nodig, om extra olie en water te verwijderen.
e) Assembleer door gelijke porties op elke tortilla te leggen, voeg geraspte sla en gehakte tomaten toe om te serveren.

36. Taco's met overgebleven hamburgers

Maakt: 4

INGREDIËNTEN:
- hamburger van 250 gram
- 1 kopje water
- 1 pakje tacokruiden
- 8 maistortilla's

INSTRUCTIES:
a) Voeg de hamburger (of vervanger) toe aan een koekenpan en verwarm op middelhoog vuur tot hij bruin en doorgewarmd is.

b) Voeg de taco-kruiden en het water toe en kook 5 minuten zodat het klaar is om te serveren.

c) Als het vlees goed gaar is, assembleert u taco's met vlees en in blokjes gesneden groenten zoals tomaten, uien en sla. Serveer met partjes limoen en geraspte kaas als topping.

37. Rundvleestaco's in buffelstijl

Maakt: 4 porties

INGREDIËNTEN:
- 1 pond rundergehakt (95% mager)
- ¼ kopje cayennepepersaus voor Buffalo Wings
- 8 tacoschelpen
- 1 kop dun gesneden sla
- ¼ kopje vetarme of regelmatig bereide blauwe kaasdressing
- ½ kopje geraspte wortel
- ⅓ kopje gehakte selderij
- 2 eetlepels gehakte verse koriander
- Wortel en stengels bleekselderij of koriandertakjes

INSTRUCTIES:
a) Verhit een grote koekenpan met anti-aanbaklaag op middelhoog vuur tot hij heet is.
b) Rundergehakt toevoegen; kook 8 tot 10 minuten, breek in kleine kruimels en roer af en toe. Haal uit de koekenpan met een schuimspaan; giet de druppels af.
c) Keer terug naar de koekenpan; roer de pepersaus erdoor. Kook en roer gedurende 1 minuut of tot het goed is opgewarmd.
d) Verwarm ondertussen de tacoschelpen volgens de instructies op de verpakking.
e) Schep het rundvleesmengsel gelijkmatig in de tacoschelpen. Sla toevoegen; besprenkel met dressing.
f) Top gelijkmatig met wortel, selderij en koriander. Garneer eventueel met wortel- en bleekselderijstengels of koriandertakjes.

38. Rundvlees Taco Wraps

Maakt: 4 porties

INGREDIËNTEN:
- ¾ pond dun gesneden deli rosbief
- ½ kopje vetvrije zwarte bonendip
- 4 grote (ongeveer 25 cm diameter) bloemtortilla's
- 1 kop dun gesneden sla
- ¾ kopje gehakte tomaten
- 1 kop (4 ons) geraspte taco gekruide kaas met verlaagd vetgehalte
- Salsa

INSTRUCTIES:
a) Verdeel de zwarte bonendip gelijkmatig over één kant van elke tortilla. Laag deli rosbief over bonendip, laat een rand van ½ inch rond de randen.

b) Strooi gelijke hoeveelheden sla, tomaat en kaas over elke tortilla.

c) Vouw de rechter- en linkerkant naar het midden, overlappende randen. Vouw de onderkant van de tortilla over de vulling en rol dicht.

d) Snijd elke rol doormidden. Serveer eventueel met salsa.

39. Carnitas-stijl gegrilde rundvleestaco's

Maakt: 6 porties

INGREDIËNTEN:
- 4 beef Flat Iron Steaks (elk ongeveer 8 ons)
- 18 kleine maïstortilla's (diameter van 6 tot 7 inch)

Toppings:
- Gehakte witte ui, gehakte verse koriander, partjes limoen

MARINADE:
- 1 kopje bereide tomatensalsa
- ⅓ kopje gehakte verse koriander
- 2 eetlepels vers limoensap
- 2 theelepels gehakte knoflook
- ½ theelepel zout
- ¼ theelepel peper
- 1-½ kopje bereide tomatensalsa
- 1 grote avocado, in blokjes
- ⅔ kopje gehakte verse koriander
- ½ kopje fijngehakte witte ui
- 1 eetlepel vers limoensap
- 1 theelepel gehakte knoflook
- ½ theelepel zout

INSTRUCTIES:

a) Combineer marinade-ingrediënten in een kleine kom. Plaats biefstuk en marinade in een voedselveilige plastic zak; draai steaks om te coaten. Sluit de zak goed af en marineer 15 minuten tot 2 uur in de koelkast.

b) Haal steaks uit de marinade; gooi de marinade weg. Leg de steaks op het rooster op middelgrote, met as bedekte kolen. Grill, afgedekt, 10 tot 14 minuten voor medium rare (145°F) tot medium (160°F) gaarheid, af en toe keren.

c) Combineer ondertussen avocado-salsa-ingrediënten in een middelgrote kom. Opzij zetten.

d) Tortilla's op rooster leggen. Grill tot ze warm en licht verkoold zijn. Verwijderen; blijf warm.

e) Biefstuk in plakjes snijden. Serveer in tortilla's met avocadosalsa. Top met ui, koriander en partjes limoen, zoals gewenst.

40. Kleine Taco Rundvleestaartjes

Voor: 30 kleine taartjes

INGREDIËNTEN:
- 12 ons Rundergehakt (95% mager)
- ½ kopje gesnipperde ui
- 1 teentje knoflook, fijngehakt
- ½ kopje bereide milde of medium tacosaus
- ½ theelepel gemalen komijn
- ¼ theelepel zout
- ⅛ theelepel peper
- 30 filodeegschalen
- ½ kopje geraspte Mexicaanse kaasmix met verlaagd vetgehalte
- Toppings: Geraspte sla, gesneden druiven- of cherrytomaten, guacamole, magere zure room, gesneden rijpe olijven

INSTRUCTIES:
a) Verwarm de oven tot 350 ° F. Verhit een grote koekenpan met anti-aanbaklaag op middelhoog vuur tot hij heet is.
b) Voeg gehakt, ui en knoflook toe in een grote koekenpan met anti-aanbaklaag op middelhoog vuur gedurende 8 tot 10 minuten, verdeel het rundvlees in kleine kruimels en roer af en toe. Giet het druipwater af, indien nodig.
c) Tacosaus, komijn, zout en peper toevoegen; kook en roer 1 tot 2 minuten of tot het mengsel is opgewarmd.
d) Leg filodeegschalen op een omrande bakplaat. Schep het rundvleesmengsel gelijkmatig in de schelpen. Top gelijkmatig met kaas. Bak 9 tot 10 minuten of tot de schelpen knapperig zijn en de kaas is gesmolten.

e) Toptaartjes met sla, tomaten, guacamole, zure room en olijven, naar wens.

41. One Pot Cheesy Taco-koekenpan

Voor: 30 kleine taartjes

INGREDIËNTEN:
- 1 pond mager rundergehakt
- 1 grote gele ui, in blokjes gesneden
- 2 middelgrote courgettes, in blokjes
- 1 gele paprika, in blokjes
- 1 pakje tacokruiden
- 1 blik tomatenblokjes met groene pepers
- 1 ½ kopje geraspte cheddar of Monterey jack-kaas
- Groene uien voor garnering
- Sla, rijst, bloem of maïstortilla's om te serveren

INSTRUCTIES:
a) Verhit een grote koekenpan met anti-aanbaklaag op middelhoog vuur tot hij heet is. Voeg rundergehakt, ui, courgette en gele paprika toe; kook 8 tot 10 minuten, breek in kleine kruimels en roer af en toe. Giet het druipwater af indien nodig.

b) Voeg taco-kruiden, ¾ kopje water en in blokjes gesneden tomaten toe. Zet het vuur laag en laat 7 tot 10 minuten sudderen.

c) Top met geraspte kaas en groene uien. Roer niet.

d) Als de kaas gesmolten is, serveer dan op een bedje van sla, rijst of in bloem- of maïstortilla's!

42. Rok Steak Street Tacos

Voor: 6 taco's

INGREDIËNTEN:
- 1 Rokbiefstuk, in dunne reepjes gesneden in porties van 10 tot 15 cm
- 12 maïstortilla's van 15 cm
- ½ theelepel zout
- ¼ theelepel cayennepeper
- ½ theelepel knoflookpoeder
- ½ theelepel gehakte knoflook
- 1 theelepel olie
- 1 kop in blokjes gesneden ui
- ½ kopje korianderblaadjes, grof gehakt
- 2 kopjes dun gesneden rode kool
- Koriander-limoenvinaigrette:
- ¾ kopje korianderblaadjes
- Sap van 2 limoenen
- ⅓ kopje olijfolie
- 4 theelepels gehakte knoflook
- ¼ kopje witte azijn
- 4 theelepels suiker
- ¼ kopje melk
- ½ kopje zure room

INSTRUCTIES:
a) Verhit olie op middelhoog vuur. Breng de gesneden biefstuk op smaak met zout, cayennepeper en knoflookpoeder. Voeg biefstuk toe aan de pan en bak tot het gaar is (8 tot 10 minuten). Voeg knoflook toe en bak 1 tot 2 minuten langer tot knoflook geurig is. Haal van het vuur en snijd de biefstuk in blokjes.

b) Klop alle ingrediënten voor de vinaigrette door elkaar. Voeg het mengsel toe aan een blender en pulseer tot een gladde massa, ongeveer 1 tot 2 minuten.

c) Vul opgewarmde maïstortilla's (gebruik er twee per taco) met biefstuk, ui, gehakte koriander en kool. Besprenkel met vinaigrette en serveer.

43. Puerto Ricaanse Taco

INGREDIËNTEN:
- Maïstaco schelpen
- Kaas
- Gekookt rundergehakt
- A Zoete gele bakbananen (gekookt en in stukjes gesneden)

INSTRUCTIES:
a) Leg twee grote lepels rundergehakt in je tortilla.
b) Voeg twee weegbree-stukjes toe aan je tortilla.
c) Strooi er een beetje kaas over en hij is klaar om te eten!
d) Genieten!

44. Vlezige Taco Braadpan

INGREDIËNTEN:
- 1 pond rundergehakt
- 1 ui, gesnipperd
- 1 (10-ounce) kan enchiladasaus of salsa
- 1 (8-ounce) blikje tomatensaus
- 1 (15-ounce) kan zwarte bonen, gespoeld en uitgelekt
- 1 kopje bevroren maïs
- 1 (8-10 stuks) blikje koelkastkoekjes met verlaagd vetgehalte
- 1 kopje geraspte Mexicaanse melangekaas met verlaagd vetgehalte
- ⅓ kopje gehakte groene uien

INSTRUCTIES:
a) Verwarm de oven voor op 350 ° F.
b) Smeer een ovenschaal van 13 x 9 x 2 inch in met anti-aanbakspray.
c) Kook het vlees en de ui in een grote koekenpan met anti-aanbaklaag tot het vlees gaar is; overtollig vet afvoeren.
d) Meng de enchiladasaus of salsa, tomatensaus en zwarte bonen en maïs, goed roerend. Scheur de koekjes in vieren.
e) Roer het groentemengsel door het vleesmengsel en doe het dan in de ovenschaal. Meng als laatste de koekstukjes erdoor.
f) Bak gedurende 25 minuten. Haal het uit de oven en besprenkel het met kaas en groene uien. Zet de ovenschaal terug in de oven en bak nog 5-7 minuten, of tot de kaas gesmolten is.

45. Rundvlees Cilantro Taco

INGREDIËNTEN:
- 1 pak zachte maïs- of tarwetortilla's
- 2 eetlepels chilipoeder
- 1 eetlepel gemalen komijn
- ½ theelepel cayennepeper
- 2 theelepels koosjer zout
- 2 eetlepels plantaardige olie
- 1 grote witte ui, gesnipperd
- 16 ons rundergehakt
- 2 teentjes knoflook, fijngehakt
- ⅔ kopje runderbouillon
- Mexican Blend Geraspte Kaas, naar smaak
- All Natural Sour Cream, naar smaak
- 1 grote tomaat, zaden verwijderd, in stukjes gesneden
- ¼ kopje verse korianderblaadjes, gehakt

INSTRUCTIES:
a) Combineer chilipoeder, komijn, cayennepeper en zout in een kleine pot en schud om te combineren. Opzij zetten. Verhit olie in een grote gietijzeren koekenpan op middelhoog vuur.

b) Als de olie glinstert, fruit je de helft van de gesnipperde ui tot hij glazig en bruin begint te worden, ongeveer 3 tot 4 minuten.

c) Voeg gehakt en knoflook toe en kook tot ze bruin zijn, ongeveer 3 tot 4 minuten. Voeg een pot gecombineerde kruiden en runderbouillon toe. Roer om te combineren.

d) Breng aan de kook en kook tot het dik is, ongeveer 2 tot 3 minuten.

e) Zodra de saus dikker wordt, zet je het vuur laag.

f) Combineer de gereserveerde gesnipperde ui, gehakte tomaat en gehakte koriander. Plaats in een kleine kom.

g) Stel taco's samen door een kleine hoeveelheid kaas in het midden van een tortilla te plaatsen en voeg dan wat heet vlees / sausmengsel toe om de kaas te laten smelten.

h) Top met ui-tomaat-koriandermengsel en een klodder zure room. Oprollen en genieten!

46. Tomatensoep rundvlees taco's

Maakt: 24 Porties

INGREDIËNTEN:
- 2 pond rundergehakt
- ½ kopje Gehakte groene paprika
- 1 blik Runderbouillon
- 1 blik tomatensoep
- 2 eetlepels Gehakte kersenpepers
- 24 tacoschelpen
- 1 Geraspte cheddarkaas
- 1 geraspte Monterey-krik
- 1 Gesnipperde ui
- 1 Geraspte sla
- 1 Tomatenblokjes

INSTRUCTIES:
a) In koekenpan, bruin rundvlees en kook groene peper gaar; roer om vlees te scheiden.

b) Voeg soepen en kersenpepers toe. Kook op laag vuur gedurende 5 minuten; roer af en toe.

c) Vul elke tacoschelp met 3-4 eetlepels vleesmengsel; bedek elk met de resterende ingrediënten.

47. Gegrild lamsvlees met zachte taco's

Maakt: 1 portie

INGREDIËNTEN:
- 1 pond bijgesneden lamsbout zonder been; of entrecote
- 3 teentjes knoflook; gepureerd
- $1\frac{1}{2}$ inch stuk verse gember; geschild en gehakt
- $\frac{1}{2}$ kopje Milde jalapeno-gelei of jam
- 4 bloemtortilla's
- Salsa voor garnering

INSTRUCTIES:
a) Snijd lamsvlees in plakjes van $\frac{1}{2}$ inch; opzij zetten. Combineer de knoflook, gember en gelei.
b) Verdeel het gembermengsel over elke lamslap.
c) Verwarm ondertussen een buitengrill, kookplaatgrill of zware, gekruide koekenpan voor op middelhoog vuur.
d) Om te koken, scheidt u de plakjes lamsvlees en legt u ze op de grill of in de koekenpan; schroei twee tot drie minuten per kant, tot medium rood.
e) Verwarm ondertussen de tortilla's in een plastic zak een minuut in de magnetron of kort boven een brander.
f) Verdeel de vulling over de tortilla's en wikkel elke tortilla om de vulling. Serveer eventueel met een kommetje salsa.

48. Gegrilde varkenstaco's en papajasalsa

Maakt: 5 Porties

INGREDIËNTEN:
- 1 papaja; geschild, ontpit, in blokjes van ½ cm gesneden
- 1 kleine rode peper; gezaaid en fijngehakt
- ½ kopje rode ui; gehakt
- ½ kopje rode paprika; gehakt
- ½ kopje verse muntblaadjes; gehakt
- 2 eetlepels limoensap
- ¼ pond Varkensvlees zonder bot in het midden van de lendenen; in reepjes gesneden
- ½ kopje verse papaja; gehakt
- ½ kopje verse ananas; gehakt
- 10 bloemtortilla's, opgewarmd
- 1½ kopje Monterey Jack-kaas; versnipperd (6 oz)
- 2 eetlepels margarine of boter; gesmolten

INSTRUCTIES:
a) Kook varkensvlees in een koekenpan van 25 cm op middelhoog vuur gedurende ongeveer 10 minuten, af en toe roerend, tot het niet meer roze is; droogleggen.

b) Roer de papaya en ananas erdoor. Verwarm, af en toe roerend, tot heet. Verwarm de oven tot 425F.

c) Schep ongeveer ¼ kopje van het varkensvleesmengsel op de helft van elke tortilla; top met ongeveer 2 eetlepels van de kaas.

d) Vouw de tortilla's over de vulling. Schik vijf van de gevulde tortilla's in een niet-ingevette jelly roll-pan, 15 ½x10 ½x1 inch; Bestrijk met gesmolten margarine.

e) Bak onafgedekt ongeveer 10 minuten of tot ze licht goudbruin zijn. Herhaal met de resterende taco's. Serveer met Papaya Salsa.

49. Taco's met geraspte varkensvlees

Maakt: 12 porties

INGREDIËNTEN:
- ½ pond varkensgebraad
- 12 zachte huisgemaakte taco's
- 1 kop gesneden uien
- ½ kopje gehakte tomaten & 1 avocado
- 1 blik tomaten & 2-3 jalapeno pepers
- ½ kopje zure roomsaus
- 1 ancho chili & 1 kopje water
- 1 kop geraspte sla
- ½ theelepel zout & peper
- 1 kopje geraspte cheddar kaas

INSTRUCTIES:
a) Neem een grote pan en voeg het gehakte varkensvlees, de groenten, het water en de kruiden toe, kook gedurende 20 minuten en roer af en toe. Haal de groenten en het kippenvlees uit het kookvocht en snijd ze in kleine stukjes.

b) Stel de zelfgemaakte tortilla's samen met sla, varkensvlees, groenten, zure roomsaus, geraspte kaas, tomatenblokjes en avocado's.

50. Varkensvlees en Ei Taco

Maakt: 5-6

INGREDIËNTEN:
- 10 tortilla's
- Volledig gekookte varkensworstjes (1 pakje)
- 3 eieren
- ½ kopje cheddarkaas, grof geraspt
- 1 avocado, in plakjes
- Zout
- Peper

INSTRUCTIES:
a) Klop de eieren los met zout en peper en kook ze op hoog vuur.
b) Zorg ervoor dat je beide kanten ongeveer een minuut per stuk kookt.
c) Verwarm de worstjes volgens de instructies op je pakje.
d) Je kunt de worstjes ook vervangen door elk ander eiwitrijk voedsel dat je in huis hebt, inclusief overgebleven vlees, kip of groenten.
e) Verwijder de eieren en verwarm de tortilla's. Zet het vuur uit en gebruik hiervoor gewoon de hitte van de nog hete gordel.
f) Snijd het ei volgens het aantal tortilla's en leg er een stuk ei, worst, avocado, kaas en garnituur naar keuze op. Je kunt ook bacon en hash browns toevoegen.
g) Serveer met limoen en salsa.

51. Varkensvlees Carnitas Taco's

Maakt: 8

INGREDIËNTEN:
- 1½ kg varkensschouder gesneden, in stukjes van 1½ inch gesneden
- ½ kg buikspek, in kleine stukjes gesneden
- 1 kop kippenbouillon
- 1 eetlepel zout
- 1 theelepel zwarte peper
- 8 maistortilla's

INSTRUCTIES:
a) Kook de varkensschouder, buikspek, zout en peper in een grote pan. Sudderen
b) minstens twee uur of tot het varkensvlees zacht genoeg is om gemakkelijk te versnipperen.
c) Verminder de vloeistof gedurende tien minuten voordat u de pot verwijdert.
d) Doe de helft van het gekookte varkensvlees (en de sappen) in een grote koekenpan en kook het op hoog vuur tot het varkensvlees begint te sissen in zijn eigen vet. Zodra het varkensvlees bruin en krokant begint te worden, haal je het uit de pan. Herhaal het proces met de rest van het varkensvlees.
e) Leg het varkensvlees in een tortilla, garneer met groenten naar keuze zoals gesneden avocado's, geraspte kool, uien, courgette, paprika, limoen en saus.

52. Taco Truck Taco's

Maakt: 4 porties

INGREDIËNTEN:
- 1½ pond varkensschouder (versnipperd)
- 2 Limoenen
- 12 maïstortilla's
- 1 bosje koriander
- ½ kopje gehakte uien
- Radijs, avocado & verse tomaten

INSTRUCTIES:
a) Begin in een middelgrote pan met het bruinen van het vlees dat eerder was gekruid met komijn, zout en peper.
b) Als je klaar bent, verwarm je de tortilla's aan beide kanten en beleg ze met het vlees, uien, avocado, tomaten en wat limoensap.

53. Taco's Met Gegrilde Kielbasa

Maakt: 4

INGREDIËNTEN:
- 1 rode ui (in 4 stukken gesneden)
- 2 paprika's (rood en in de lengte doorgesneden. Zaadjes verwijderen)
- 1 bosje lente-uitjes
- 3 eetlepels olijfolie
- Zout
- Peper
- ⅓ kopje limoensap
- 750 gram kielbasa worst, half verticaal
- 8 maistortilla's
- Koriander

INSTRUCTIES:
a) Gooi de ui, paprika en lente-uitjes samen met olie op een grill die op middelhoog vuur staat.
b) Kruid met peper en zout en gril tot de groenten een licht verkoold uiterlijk krijgen.
c) Vergeet niet om de lente-uitjes er na 2 minuten uit te halen!
d) Haal ze van het vuur en laat afkoelen.
e) Snijd de ui in partjes van 2,5 cm lang en meng met limoensap. Verwijder op dezelfde manier de schil van de paprika's, snijd ze in partjes van 2,5 cm lang en doe ze in een aparte kom. De lente-uitjes moeten op een andere schaal worden geplaatst.
f) Gril de worstjes elk ongeveer 5 minuten en leg ze bij de lente-uitjes.

g) Grill de tortilla's om ze een licht verkoold uiterlijk te geven.
h) Stapel alle ingrediënten in elke tortilla en serveer met hete saus en verse limoen om erover uit te knijpen.

54. Picadillo-taco's

Maakt: 1 portie

INGREDIËNTEN:
- ½ kopje Rozijnen
- ¼ kopje Tequila
- ½ pond bulk varkensworst
- ½ pond rundergehakt
- 1 middelgrote ui, gehakt
- 3 teentjes knoflook, fijngehakt
- 1 blik (14 ½ oz) hele tomaten, in stukken gesneden, ONGEDRAGEN
- 1 blik (4 oz) in blokjes gesneden groene chilipepers, uitgelekt
- 2 eetlepels Suiker
- 1 theelepel gemalen kaneel
- ¼ theelepel gemalen komijn
- 1 scheutje gemalen kruidnagel
- 12 bloemtortilla's van 7 inch
- ⅓ kopje pecannoten, fijngehakt
- Geraspte sla, optioneel

INSTRUCTIES:
a) Combineer rozijnen en tequila in een kleine steelpan. Aan de kook brengen; van het vuur halen. Laat 5 minuten staan.

b) Voor het vullen: kook worst, rundvlees, ui en knoflook in een grote koekenpan op middelhoog vuur tot het vlees bruin is. Vet afvoeren. Roer de ongedraineerde rozijnen, ongedraineerde tomaten, groene chilipepers, suiker, kaneel, komijn en kruidnagel erdoor.

c) Aan de kook brengen; verminder hitte. Laat ongeveer 30 minuten sudderen, onafgedekt, of tot het meeste vocht is verdampt.

d) Wikkel ondertussen tortilla's in folie. Verwarm in een 350 oven gedurende 10 minuten of tot het warm is. Roer de pecannoten door het vleesmengsel.

e) Om te serveren, bedek warme tortilla's met sla en vul ze. Vouw of rol op.

55. Varkensvleestaco's, Californische stijl

Maakt: 6 porties

INGREDIËNTEN:
- 2 pond varkenshaas
- 6 groene uien
- 12 kleine verse maïstortilla's
- 1 bos koriander; grote stengels verwijderd
- Guacamole
- 1 kopje zure room
- 1 kopje pittige rode salsa
- 1 kopje Groene Chili Salsa

VOOR DE MARINADE
- $\frac{1}{2}$ kopje vers geperst sinaasappelsap
- 2 eetlepels vers geperst limoensap
- 1 theelepel Gehakte verse oregano
- $\frac{1}{4}$ theelepel komijn
- $\frac{1}{2}$ theelepel marjolein
- $\frac{1}{2}$ theelepel Zout
- $\frac{1}{4}$ theelepel fijngemalen zwarte peper

INSTRUCTIES:
a) Combineer marinade-ingrediënten in een middelgrote kom.

b) Klop tot het gemengd is. Leg het varkensvlees in een ondiepe niet-aluminium schaal en giet de marinade erover. Marineer gedurende 6 tot 12 uur, gekoeld.

c) Snijd het groene deel van de ui door en maak 2 sleuven helemaal naar beneden tot waar het witte deel begint. Hierdoor krijgen de uien een waaiervorm.

d) Verwarm de oven voor op 350 graden. Verwarm de grillpan voor op matig hoog vuur. Grill varkensvlees gedurende 15 tot 20 minuten aan elke kant, of tot de interne temperatuur 160 graden is.

e) Rijg de groene uien met de marinade en gril ze ongeveer 3 minuten aan elke kant. Haal vlees en uien van de grill, snijd het vlees in kleine stukjes en reserveer.

f) Wikkel tortilla's in aluminiumfolie en verwarm ze ongeveer 10 minuten in de oven.

g) Warm houden tijdens het bereiden van borden. Schik op de buitenranden van afzonderlijke serveerschalen een paar takjes koriander, een grote klodder guacamole en een grote klodder zure room.

h) Leg 2 verwarmde tortilla's aan de zijkant van elk bord en leg vlees en gegrilde lente-uitjes in het midden.

i) Passeer pittige rode en groene chili-salsa's in aparte kommen.

j) Serveer onmiddellijk.

56. Honing-Koriander Garnalen Zachte Taco's

Maakt: 4 porties

INGREDIËNTEN:
- 8 tortilla's
- 1 theelepel plantaardige olie
- ½ eetlepel zout en peper
- 1 grote ui & 1 jalapeno
- 3 paprika's
- 2 theelepels koriander & komijn
- 2-4 teentjes knoflook
- 4 eetlepels verse koriander en honing
- 1 ½ pond cocktailgarnalen

INSTRUCTIES:
a) Kook de garnalen, jalapeno, ui, paprika, kruiden en knoflook in een middelgrote koekenpan tot ze zacht zijn.
b) Combineer de verse koriander en honing in een glazen kom tot er een glad mengsel ontstaat.
c) Lepel het mengsel over elke tortilla; voeg de garnalen en wat salsasaus toe.

57. Baja vistaco's

Maakt: 4 porties

INGREDIËNTEN:
- 1 ½ pond ontdooide verse tilapiafilets
- 4 middelgrote volkoren tortilla's
- 1 eetlepel verse koriander
- 1 ui, avocado en tomaat (allemaal fijngesneden)
- 2 theelepels tacokruiden
- 2 kopjes koolsla
- 1 citroen (sap)

INSTRUCTIES:
a) Snijd de groenten fijn en snij de kool in kleine stukjes.
b) Nadat je de tilapiafilets hebt gekruid met tacokruiden, kook je ze 5-6 minuten in een geoliede anti-aanbakpan.
c) Bak de vis langzaam aan beide kanten en voeg wat uien, citroensap en tomaten toe.
d) Verwarm elke tortilla 1 minuut in de magnetron en voeg dan de visfilets, groenten, kool, koriander en salsa toe.

58. Garnalen Taco's

Maakt: 5 porties

INGREDIËNTEN:
- 1 pond gepelde garnalen
- 10 maïstortilla's
- ½ kopje zure room
- 1 eetlepel kruiden & 1 chipotle peper
- 2 limoenen (voor sap)
- ½ kopje gehakte paarse kool
- 2 eetlepels vergine olijfolie

INSTRUCTIES:
a) Combineer de chipotle, de helft van het limoensap en de zure room in een kleine kom tot er een gladde pasta ontstaat.

b) Kook de gepelde garnalen met wat kruiden in een voorverwarmde koekenpan.

c) Verwarm elke taco en serveer ze gegarneerd met geraspte kool, chipotle-crème, gebakken garnalen en saus.

59. Vistaco's met Cilantro Slaw en Chipotle Mayo

Maakt: 4 porties

INGREDIËNTEN:
- 1 pond tilapia visfilets
- 4 bloemtortilla's
- ½ kopje vers limoensap
- 2 kopjes 3-kleuren koolsla-melange
- ¼ kopje mayonaise
- 1 chipotle peper gedrenkt in adobosaus
- 1 kopje gehakte verse korianderblaadjes
- 1 avocado & 1 in blokjes gesneden tomaat
- 1 eetlepel adobosaus van chipotle pepers
- ¼ theelepel zout & cayennepeper
- zout en gemalen zwarte peper

INSTRUCTIES:
a) Giet het limoensap over elke tilapia visfilets en bewaar ze 4 uur in de koelkast.

b) Begin met het bereiden van de chipotle-mayonaisedressing door de adobosaus, cayennepeper, pepers, ¼ theelepel zout en mayonaise in een middelgrote kom te mengen en alles te mengen.

c) Haal de vis uit de koelkast en bak hem 2-3 minuten in een geoliede middelgrote pan.

d) Verdeel 1 eetlepel chipotlesaus over elke tortilla, voeg de gekookte vis, groenten en kruiden toe.

60. Gegrilde garnalen en zwarte bonentaco's

Maakt: 6 porties

INGREDIËNTEN:
- 1 pond gepelde garnalen
- 12 maïstortilla's
- 2 eetlepels chilipoeder
- 1 ½ eetlepel geperst limoensap
- 1 kopje zwarte bonen
- Pico de Gallo
- ½ theelepel vergine olijfolie
- ¼ theelepel zout
- 6 Spiesjes

INSTRUCTIES:
a) Verwarm je grill voor, bereid dan de saus, verwarm de zwarte bonen, limoensap, chilipoeder en zout in een middelgrote pan.

b) Als er een gladde pasta is gevormd, bereidt u de garnalenspiesjes. Ze moeten aan beide kanten ongeveer 1-2 minuten worden gebakken, borstel vervolgens elke garnaal en gril ze nog eens 2 minuten.

c) Bouw je tortilla en voeg de garnalen, saus en kruiden toe.

61. Gezwarte Cabo Fish Taco's

Maakt: 4 porties

INGREDIËNTEN:
- $1\frac{1}{2}$ pond witte vis & 8 ons vismarinade
- 12 maïstortilla's
- $\frac{3}{4}$ pond Aziatische slaw
- 9 eetlepels limoenzure room
- 4 ons boter
- 7 eetlepels chipotle-aioli
- 7 eetlepels Pico de Gallo
- 2 eetlepels zwarte peperkruiden
- Chipotle Aioli
- $\frac{3}{4}$ kopje mayonaise
- 1 theelepel limoensap
- 1 eetlepel mosterd
- Kosjer zout & gemalen zwarte peper
- 2 chipotle pepers

INSTRUCTIES:
a) Smelt de ongezouten boter in een middelgrote pan, voeg de gemarineerde witte vis toe, strooi er wat zwarte peperkruiden over en bak ze 2 minuten aan beide kanten.

b) Verwarm elke tortilla aan beide kanten, voeg de gebakken kip, de chipotle aioli saus, een paar Pico de Gallo, wat Aziatische slaw en wat smaakmakers toe.

62. Pittige Garnalentaco's

Maakt: 2 porties

INGREDIËNTEN:
- 4 koolhydraatarme tortilla's
- 4 eetlepels mangosalsasaus
- 16 grote garnalen
- 1 eetlepel vers gesneden koriander
- 1 bakje Romeinse sla
- ½ kopje cheddarkaas
- 4 theelepel chilisaus
- ½ kopje gebakken uien
- Sap van 1 limoen

INSTRUCTIES:
a) Begin met de garnalen door ze te marineren en 5 minuten in de sirachasaus te prikken.
b) Zet de grill aan en bak de uien een paar minuten tot ze goed gaar zijn.
c) Leg elke tortilla neer en bedek met zure room, garnalen, sla, geraspte kaas, gegrilde uien en andere smaakmakers.

63. Tilapia-taco's

Maakt: 1 portie

INGREDIËNTEN:
- 1 pond Tilapia visfilet
- 2 witte maïstortilla's
- ½ gesneden avocado
- ¼ theelepel olijfolie
- 1 tomaat
- 1 witte ui
- 1 limoensap
- 1 handvol koriander

INSTRUCTIES:
a) Bak de tortilla's en tilapia visfilet aan beide kanten in een hete oven, maar breng de vis op smaak met wat olijfolie, zout en peper. Meng de tomaat, limoensap, ui en de kruiden in een middelgrote kom.

b) Leg een mooie laag geraspte vis over elke tortilla, voeg het mengsel uit de kom toe, in plakjes gesneden avocado en leg de resterende vis erop.

64. Mojito-gegrilde vistaco's met limoensla-topping

Maakt: 8 porties

INGREDIËNTEN:
- 8 maistortilla's
- 2 eetlepels limoensap
- 2 eetlepels fijngehakte muntblaadjes
- 1 pond stevige witte vis (heilbot, snapper of kabeljauw)
- 1 eetlepel koolzaadolie
- 1 verse jalapeno chili
- ½ theelepel zout & 1 theelepel suiker
- Limoen Slaw
- 2 eetlepels min
- ½ kopje magere mayonaise
- 1 ½ kopje geraspte kool
- 1 eetlepel vers limoensap

INSTRUCTIES:
a) Begin met het combineren van de ingrediënten voor de vis en de marinade en plaats het vervolgens 3 minuten in de koelkast. Als je klaar bent, haal je de vis eruit en begin je hem aan beide kanten te grillen, totdat hij mooi stevig wordt.

b) Voeg voor het bereiden van de limoensla de kool, mayonaise, limoensap en munt toe aan een middelgrote kom en roer alles goed door.

c) Leg de vis op elke tortilla, voeg wat slalepels en groenten toe.

65. Gegrilde vistaco's met koriandersaus

Maakt: 2 porties

INGREDIËNTEN:
SAUS
- ¼ kopje groene uien en koriander
- 2 ½ eetlepel mayonaise
- 3 eetlepels zure room
- 2 limoenen (sap)
- ½ theelepel zout, peper en 1 teentje knoflook

VIS
- 2 pond rode snappersteaks
- 4 maïstortilla's
- 2 ½ blik kool
- 1 eetlepel gemalen komijn & koriander
- ½ theelepel rode peper, paprika & knoflookzout

INSTRUCTIES:

a) Begin met het combineren van de ingrediënten voor de koriandersaus in een middelgrote kom en zet deze opzij.

b) Breng de vis op smaak met wat knoflookpoeder, komijn, paprikapoeder, koriander en rode peper en gril deze 5 minuten aan beide kanten.

c) Als de vis gaar is, snijd hem dan in de lengte door en leg hem op tortilla's, voeg de kool en 1 eetlepel koriandersaus toe.

66. Gezonde vistaco's

INGREDIËNTEN:

- 1 pond witte vlokkige vis, zoals mahi mahi
- ¼ kopje koolzaadolie
- 1 limoen, geperst
- 1 eetlepel ancho chilipoeder
- 1 jalapeno, grof gehakt
- ¼ kopje gehakte verse korianderblaadjes
- 8 bloemtortilla's
- Geraspte witte kool
- Hete saus
- Crema of zure room
- Dun gesneden rode ui
- Dun gesneden groene ui
- Gehakte korianderblaadjes

INSTRUCTIES:

a) Verwarm de grill voor op middelhoog. Leg de vis in een schaal en voeg olie, limoensap, jalapeno, ancho en koriander toe. Meng goed om de vis te coaten en laat het 20 minuten marineren.

b) Haal de vis uit de marinade en gril hem met de vleeskant naar beneden. Grill gedurende 4 minuten, draai en grill gedurende 30 seconden tot een minuut.

c) Laat het 5 minuten rusten voordat je het met een vork losmaakt.

d) Grill de tortilla's 20 seconden.

e) Verdeel de vis over elke taco en garneer met kool, uien, koriander.

f) Besprenkel met hete saus en voeg de salsa naar keuze toe.

67. Cajun-garnalentaco's met tomatillo-salsa

Maakt: 8 Porties

INGREDIËNTEN:
- 2 kopjes zure room
- 2 theelepels Chilipoeder
- ½ theelepel cayennepeper
- ¾ pond Tomatillos, kaf verwijderd, gespoeld, in vieren gedeeld
- ½ kopje Grof gesneden ongeschilde groene appel
- 2 eetlepels Grof gesneden verse basilicum
- 2 eetlepels Grof gesneden verse munt
- 1½ theelepel Chilipoeder
- 1½ theelepel paprikapoeder
- 2 pond Ongekookte middelgrote garnalen, gepeld, ontdarmd
- 2 eetlepels olijfolie
- 1 eetlepel Gehakte knoflook
- 16 Gekochte tacoschelpen
- 1 grote bos waterkers, bijgesneden
- 2 Avocado's, geschild, ontpit, in blokjes

INSTRUCTIES:
VOOR ZURE ROOM:
a) Klop alle ingrediënten in een middelgrote kom om te mengen. Breng op smaak met zout.
VOOR SALSA:
b) Hak de tomaten, appel, basilicum en munt fijn in een keukenmachine.
c) Doe over in een kleine kom. Breng op smaak met zout.
VOOR GARNALEN:

d) Combineer chilipoeder en paprikapoeder in een grote kom. Garnalen toevoegen; gooien om te coaten.
e) Laat 5 minuten staan. Verhit olie in een zware grote koekenpan op hoog vuur.
f) Voeg knoflook toe en bak tot geurig, ongeveer 1 minuut. Garnalen toevoegen; Sauteer tot het in het midden ondoorzichtig is, ongeveer 5 minuten.
g) Kruid met peper en zout. Doe over in een kleine kom.

h) Verwarm de oven voor op 350 ° F. Schik de tacoschelpen op een zware grote bakplaat. Bak tot het heet is, ongeveer 8 minuten. Leg de schelpen in een met servetten beklede mand.
i) Schik de helft van de waterkers op het bord.
j) Top met garnalen. Hak de resterende waterkers fijn. Plaats in een kleine kom.
k) Doe zure room, salsa, avocado's en gehakte waterkers in aparte kommen.

68. Ceviche-taco's

Maakt: 4 Porties

INGREDIËNTEN:
- 1½ pond Red snapper filets; in stukjes van ½ cm
- Sap van 10 limoenen
- 1 ui; fijn gesneden
- 1 Jalapenopeper; ontpit/fijngehakt
- 14½ ounce tomaten uit blik
- ½ kopje maïskorrels
- ¼ kopje Gehakte koriander
- 2 eetlepels olijfolie
- 2 eetlepels Catsup
- 1 eetlepel worcestershiresaus
- ½ theelepel gedroogde oregano
- Zout; proeven
- 8 maistortilla's
- 1 rode ui; dun gesneden
- 1 avocado; geschild/gesneden

INSTRUCTIES:
a) Meng vis en limoensap voorzichtig in een grote glazen of niet-reactieve aluminium kom. Dek af, zet in de koelkast en laat een nacht marineren.
b) Als je 's ochtends vis uit de pan haalt, is hij 'doorgekookt' en veilig om te eten.
c) Als je klaar bent om de taco's te serveren, combineer je ui, jalapeno, tomaten, koriander, olijfolie, ketchup, Worcestershire-saus en oregano in een grote glazen kom. Goed mengen. Breng op smaak met zout.
d) Giet de vis af en spoel hem af, voeg toe aan het tomatenmengsel en meng voorzichtig om te coaten.

e) Verwarm tortilla's in de magnetron of oven. Doe $\frac{1}{8}$ van het vismengsel in de tortilla en garneer met rode ui en avocado.

69. Gegrilde vistaco's met groene salsa

Maakt: 4 Porties

INGREDIËNTEN:
- 3½ kopjes Fijngesneden rode of groene kool
- ¼ kopje witte gedistilleerde azijn
- Zout en peper
- ¾ pond verse tomaten
- 2 eetlepels slaolie
- 1 ui, in plakjes van ½ cm gesneden
- 1½ pond visfilets met stevige huid (lingcod, zeebaars)
- 4 jalapeno pepers
- 2 theelepels limoensap
- ¾ kopje verse korianderblaadjes
- 1 teentje knoflook
- 12 warme maïs- of magere bloemtortilla's (6-7 inch)
- Magere zure room
- Limoen partjes

INSTRUCTIES:
a) Zoek naar de kleine groene tomatillo's met papierachtige schillen in sommige supermarkten en Latino-supermarkten.

b) Meng kool met azijn en 3 eetlepels water. Voeg zout en peper naar smaak toe. Dek af en laat afkoelen.

c) Verwijder de kaf van tomatillos en gooi ze weg; spoel de tomaten af.

d) Rijg op spiesjes. Borstel wat van de olie lichtjes op de uienplakken. Vis afspoelen en droogdeppen. Bestrijk de vis met de resterende olie.

e) Leg tomatillos, ui en pepers op een barbecue.

f) Kook, draai indien nodig, tot de groenten bruin zijn, 8-10 minuten.
g) Zet opzij om af te koelen.
h) Leg de vis op de grill (middelhoog vuur). Kook, een keer draaien, tot de vis ondoorzichtig is maar er nog steeds vochtig uitziet in het dikste deel (gesneden om te testen), 10-14 minuten.
i) Verwijder stengels van pepers; zaden verwijderen.
j) Roer in een blender of keukenmachine tomatillos, pepers, limoensap, $\frac{1}{4}$ c koriander en knoflook tot een gladde massa. Snipper ui. Voeg de gesnipperde ui toe aan het salsamengsel en zout en peper naar smaak.
k) Giet in een kleine kom.
l) Om elke taco samen te stellen, vul je een tortilla met een beetje koolsaus, een paar stukjes vis, salsa en zure room. Voeg een scheutje limoen toe en zout en peper naar smaak.

70. Margarita garnalentaco's

Maakt: 6 Porties

INGREDIËNTEN:
- 1½ pond Shell-on Garnalen; ongekookt
- ½ kopje Tequila
- ½ kopje Limoensap
- 1 theelepel Zout
- 1 teentje fijngehakt teentje knoflook; of meer naar smaak
- 3 eetlepels olijfolie; of minder
- 2 eetlepels Gehakte koriander
- 24 bloemtortilla's; (6 of 7 inch)
- Geraspte sla
- 1 avocado; gesneden; of meer
- Salsa fresca; zoals nodig
- 1 blik (15 oz) zwarte bonen
- 1 blik (10 oz) maïskorrels
- ½ kopje Gehakte rode ui
- ¼ kopje Olijfolie
- 2 eetlepels limoensap
- ¼ theelepel gemalen komijn
- ¼ theelepel oregano
- ¼ theelepel Zout

INSTRUCTIES:
a) Garnalen schillen en verwijderen, indien gewenst met staarten; opzij zetten. Combineer tequila, limoensap, zout; giet over garnalen en marineer niet meer dan 1 uur.

b) Fruit gehakte knoflook in 1 eetlepel olie tot lichtbruin; voeg garnalen toe, kook en roer tot ze gaar zijn, 2 tot 3 minuten. Voeg indien nodig olie toe.

c) Bestrooi met koriander en houd warm. Vouw voor elke taco 2 zachte tortilla's samen; vul met geraspte sla en Black Bean and Corn Relish.
d) Top met garnalen, plakjes avocado en salsa.
e) Black Bean and Corn Relish: bonen afspoelen en uitlekken; mais afgieten,
f) Combineer bonen en maïs met de resterende ingrediënten; in de koelkast om smaken te mengen.

71. Zalm taco's

Maakt: 8 taco's

INGREDIËNTEN:
- 418 gram Alaska zalm uit blik
- 8 eetlepels kwark
- 50 gram komkommer; gesneden
- ½ theelepel Munt
- 8 kant-en-klare tacoschelpen
- 100 gram ijsbergsla, versnipperd
- 3 tomaten; gehakt
- 50 gram Cheddar kaas, geraspt
- Olijven, ansjovis of gehakte paprika's om te garneren

INSTRUCTIES:
a) Verwarm de oven voor op 200 C, 400 F, gasstand 6.
b) Laat het blikje zalm uitlekken. Schil de vis en zet opzij. Meng de fromage frais of Griekse yoghurt, komkommer en munt door elkaar. Opzij zetten.
c) Verwarm de tacoschelpen 2-3 minuten in de oven tot ze buigzaam zijn.
d) Stapel sla en tomaat in elke schaal en bedek met stukjes zalm, een lepel van het komkommermengsel en wat geraspte kaas.
e) Garneer en serveer direct.

72. Zeevruchtentaco's met maïssalsa

Maakt: 4 Porties

INGREDIËNTEN:
- 1 pond roodbaarsfilets
- 2 Limoenen; sap van
- 2 theelepels olijfolie
- 8 verse maïstortilla's
- 1 kopje maïskorrels; gekookt
- 1 middelgrote rode ui; gehakt
- 1 kopje gezaaide gehakte komkommer
- 2 Jalapenopepers; gehakt, of naar smaak
- ½ bos koriander; gehakt
- ½ kopje Gehakte rode paprika
- ½ theelepel Zout; proeven
- ½ theelepel Peper; proeven
- 2 Limoenen; sap van
- Slablaadjes of gesnipperde kool; optioneel
- Limoenpartjes; optioneel
- koriander takjes; optioneel

INSTRUCTIES:
a) Marineer vis in limoensap en olijfolie gedurende 30 minuten.

b) Grill vis op de barbecue of rooster in de oven gedurende 10 minuten in totaal per centimeter dikte, ongeveer 5 minuten per kant. Vis is klaar als het vlees in het midden ondoorzichtig wordt.

c) Verwarm de tortilla's tot ze buigzaam zijn. Plaats 2 tortilla's die elkaar halverwege overlappen, vis in het midden en garneer naar smaak. Gebruik tandenstokers of rol in vetvrij papier om taco's bij elkaar te houden.

MAÏS SALSA

d) Combineer alle ingrediënten in een middelgrote kom. Laat 1 uur trekken om smaken te mengen.

73. Zachte taco's met red snapper

Maakt: 4 Porties

INGREDIËNTEN:
- ¼ kopje Olijfolie
- 2 rode uien, gehalveerd en dun gesneden
- 1 theelepel Zout
- 1½ theelepel peper
- 2 theelepels gehakte verse tijm
- 1½ pond Red snapper, in hapklare stukjes gesneden
- 1 theelepel Gehakte knoflook
- 2 theelepels limoensap
- 2 theelepels sojasaus
- 2 theelepels Gehakte verse oregano
- 8 Zachte maïstortilla's, opgewarmd
- 3 kopjes geraspte sla

INSTRUCTIES:
a) Verhit in een koekenpan 2 eetlepels olie op matig hoog vuur tot heet. Voeg uien, zout, ½ theelepel peper en tijm toe en bak tot ze rijk goudkleurig zijn.
b) Verhit een andere koekenpan op matig hoog vuur tot deze heet is en voeg de resterende 2 eetlepels olie toe. Wervel en voeg snapper toe.
c) Bak gedurende 2 minuten, draai regelmatig, voeg knoflook, limoensap en sojasaus toe en bak tot de vloeistof bijna is verdampt en de snapper een beetje goudkleurig is.
d) Voeg oregano en resterende peper toe en meng om te combineren. Voeg het uienmengsel toe en meng goed.
e) Vul de tortilla's met sla en bedek met het mengsel van snapper en uien.

74. Taco's met vers fruit

INGREDIËNTEN:
- Volkoren tortilla's (klein)
- Water
- Gemalen kaneel
- Suiker
- Griekse yoghurt (vanillesmaak)
- Vers fruit naar keuze (in blokjes):
- Aardbeien
- mango's
- Ananas
- Kiwi's

INSTRUCTIES:
a) Verwarm de oven voor op 325 ° F.
b) Steek met een ronde, plastic koekjesvormer kleine cirkels uit de volkoren tortilla's (ongeveer 2 per kleine tortilla).
c) Leg deze kleine tortilla's op een bakblik. Plaats water in een kleine kom; bedek de bovenkant van de tortilla's lichtjes met water, met behulp van een rijgborstel.
d) Meng een kleine hoeveelheid gemalen kaneel en suiker in een kom; Bestuif de vochtige tortilla's met het mengsel van kaneel en suiker.
e) Leg met behulp van een tang elke tortilla afzonderlijk over het rooster in de broodroosteroven, waarbij de zijkanten van de tortilla tussen twee metalen staven op het rooster vallen.
f) Bak ca. 5-7 minuten, controleer de tortilla's regelmatig.
g) Til de tortilla's met een tang van het rek en leg ze op een koelrek; tortilla's moeten in deze omgekeerde positie

blijven om af te koelen, wat de laatste stap is bij het vormen van de taco-vorm.

h) Leg de afgekoelde tacoschelpen op een bord en leg een klodder Griekse vanilleyoghurt in de tortillaschelp; gebruik een lepel om de bodem en zijkanten van de schaal glad te strijken en te bedekken.

i) Schep je favoriete fruit in de schaal en geniet ervan!

75. Met fruit gevulde magere cacaotaco's

Maakt: 6 Porties

INGREDIËNTEN:
- ¼ kopje bloem
- ¼ kopje suiker
- 1 eetlepel bakcacao
- 2 eetlepels 2% melk
- 2 eetlepels olie
- 1 Eiwit
- 1 theelepel vanille-extract
- Zout naar smaak
- 8 ons magere yoghurt met fruitsmaak
- 4 kiwi's; geschild, gesneden
- 6 grote Aardbeien; gesneden
- 8 ons Mangocoulis
- 1 ons frambozensaus
- 1 pint verse frambozen
- 6 takjes verse munt

INSTRUCTIES:
a) Combineer de eerste 8 ingrediënten in een kom; slaan tot dat het glad is. Chill, afgedekt, gedurende 2 uur.

b) Plaats 3 eetlepels per keer in een verwarmde nonstick 8-inch koekenpan op middelhoog vuur. Kook gedurende 2 minuten of tot het beslag droog lijkt; draai. Kook 1 minuut langer. Verwijder en drapeer over rooster; 15 tot 20 minuten afkoelen.

c) Verspreid yoghurt over de helft van elke gebakken schaal. Wissel 5 plakjes kiwi en 5 plakjes aardbei af op yoghurt. Vouw de schelpen dubbel tot taco's.

d) Verspreid mangocoulis in 3x4-inch ovalen op onderste helften van 6 borden.

e) Spuit frambozensaus in 2 strepen over de coulis. Met een mes door sauzen wervelen.

f) Leg naast de coulis 1 taco op elk bord. Garneer elk bord met frambozen en munt.

76. Kokosnoot Fruit Taco's

Maakt: 6 porties

INGREDIËNTEN:
- ⅓ kopje Gebakken kokosnoot
- 1 kop Aardbeien, in plakjes
- ½ kopje Pitloze groene druiven, gehalveerd
- 1 middelgrote appel, geschild, klokhuis verwijderd en in stukjes gesneden
- 1 kleine banaan, in plakjes
- 2 eetlepels Gietbaar fruit, elke smaak
- 6 tacoschelpen
- ⅓ kopje vanilleyoghurt

INSTRUCTIES:
a) Verspreid kokos op bakplaat.
b) Rooster in een oven van 350 ° F gedurende 7 tot 12 minuten, vaak roerend.
c) Roer ondertussen in een middelgrote kom aardbeien, druiven, appel, banaan en schenkbaar fruit door elkaar.
d) Vul tacoschelpen gelijkmatig met fruit.
e) Top gevulde taco's gelijkmatig met yoghurt.
f) Bestrooi met geroosterde kokos.

77. Gebakken ananas & sinaasappeltaco's met geraspte chocolade

Maakt: 6 Porties

INGREDIËNTEN:
- ½ middelgrote ananas; geschild, klokhuis verwijderd, in 1 gesneden
- 2 Sinaasappelen; geschild, ontpit, in plakjes gesneden
- 2 eetlepels donkerbruine suiker
- 4 eetlepels Boter
- 1½ eetlepel banketbakkerssuiker
- 6 maïs- of bloemtortilla's
- 1½ kopje zware (slag)room
- ½ kopje Geraspte verse muntblaadjes
- 2 ons bitterzoete chocolade; fijn geraspt

INSTRUCTIES:
a) Doe de stukjes ananas en sinaasappel in een grote, niet-reactieve koekenpan. Bestrooi met de bruine suiker.
b) Kook op middelhoog vuur tot ze bruin beginnen te worden, ongeveer 3 minuten.
c) Draai en kook aan de andere kant tot de vloeistof verdampt en de stukjes bruin zijn, nog 2 tot 3 minuten.
d) Verwijder en zet opzij.
e) Doe 1 eetlepel boter en ½ eetlepel banketbakkerssuiker in een koekenpan die groot genoeg is voor een tortilla.
f) Zet op middelhoog vuur tot de boter en suiker smelten. Roeren.
g) Voeg een tortilla toe en bak 30 seconden.
h) Draai en bak aan de andere kant tot ze bruin en licht knapperig zijn, nog 30 tot 45 seconden. Verwijderen.
i) Ga verder met de resterende tortilla's en voeg indien nodig meer boter en suiker toe aan de pan.

j) Om te assembleren, klop je de room tot er zich zachte pieken vormen. Verspreid ongeveer ⅓ kopje van het ananas-sinaasappelmengsel in het midden van een met suiker omhulde tortilla.

k) Werk af met slagroom, muntblaadjes en een snufje geraspte chocolade. Vouw en serveer.

78. Vistaco's voor kinderen

Maakt: 1 portie

INGREDIËNTEN:
- Bevroren gepaneerde vissticks
- Taco saus
- Sla
- Tomaat, in blokjes
- Cheddarkaas, geraspt
- Zure room
- Taco schelpen

INSTRUCTIES:
a) Kook de vissticks volgens de instructies op de verpakking.
b) Leg na het koken een visstick in elke taco.
c) Voeg de verschillende toppings toe en serveer direct.

79. IJs taco's

Maakt: 6 Porties

INGREDIËNTEN:
- 2 eetlepels Suiker
- ½ theelepel gemalen kaneel
- 1½ eetlepel Boter, gesmolten
- 8 (5 inch) tacoschelpen
- 1 liter ijs, elke smaak

INSTRUCTIES:
a) Combineer suiker en kaneel in een kopje. Opzij zetten. Borstel lichtjes boter aan de binnenkant van elke tacoschelp. bestrooi met het suikermengsel, zet opzij. Deksel van ijskarton verwijderen.

b) Verwijder het ijs en leg het op een snijplank.

c) Snijd in vier plakken. Snijd elk plakje doormidden. Leg elke helft in een voorbereide tacoschelp. Schik ijstaco's in een 13x9x2 inch bakvorm.

d) Dek goed af met plasticfolie of folie en vries in.

e) Breng tijdens het serveren de taco's over naar een schaal.

f) Serveer met een keuze aan toppings zoals gesneden aardbeien, bosbessen, slagroom, gehakte noten, geroosterde kokos, chocolade of karamelsaus.

80. Krokante Kikkererwten Taco's

Voor: 6 taco's

INGREDIËNTEN:
- 6 maïs- of bloemtortilla's
- Een 15-ounce kan kikkererwten, gespoeld en uitgelekt
- ½ theelepel ancho chilipoeder
- 3 kopjes geraspte groene kool
- 1 kopje geraspte wortel
- ½ kopje dun gesneden rode ui
- ½ kopje poblano-peper met zaadjes en kleine blokjes
- ½ kopje gesneden groene ui
- ¼ kopje gehakte verse koriander
- ¼ kopje Tofu Cashew Mayonaise 1 portie
- 2 eetlepels limoensap ¼ theelepel zeezout
- 1 avocado, ontpit en in plakjes
- 1 eetlepel Sriracha

INSTRUCTIES:
a) Verwarm de oven voor op 375°F.
b) Vorm de tortilla's door ze in een ovenvaste kom met anti-aanbaklaag te plaatsen en ze in de oven te bakken tot ze krokant zijn, 5-10 minuten.
c) Prak de kikkererwten in een grote mengkom met een vork en bestrooi met de chilipoeder.
d) Voeg de kool, wortel, rode ui, poblano peper, groene ui, koriander, mayonaise en limoensap toe.
e) Meng grondig en voeg als laatste zout toe.
f) Verdeel het salademengsel over de tacokommen en top met de in plakjes gesneden avocado. Voeg Sriracha toe als je van pittig houdt.

81. Tempeh taco's

Maakt: 3 tot 4 porties

INGREDIËNTEN:
- Olie, voor pan
- 1 pakje (8 ons) tempeh
- 1¾ kopjes ongezoete rijstmelk
- 1 eetlepel Dijon-mosterd
- 1 eetlepel sojasaus of tamari
- ½ theelepel paprikapoeder
- 2 eetlepels dulse vlokken
- 1 eetlepel voedingsgist
- ¼ kopje maïsmeel
- 13. paneermeel in panko-stijl
- 1 eetlepel arrowroot Maïstortilla's, voor taco's
- 1 avocado, in plakjes

INSTRUCTIES:
a) Verwarm de oven voor op 350 graden F. Spuit een bakplaat in met olie. Snijd de tempeh in stukken van 2 cm lang en ½ cm dik. Klop de natte ingrediënten door elkaar en zet opzij.

b) Doe de droge ingrediënten in een keukenmachine en pulseer een paar keer tot het mengsel een fijne bloem is. Plaats in een kleine kom. Bagger elk stuk tempeh in het rijstmelkmengsel en meng het vervolgens met het paneermeelmengsel.

c) Leg op bakplaat in drie rijen ongeveer 2,5 cm uit elkaar. Spuit olie op de stukjes en bak ze vervolgens 15 minuten. Draai om en bak nog eens 15 minuten.

d) Serveer direct in een maïstortilla met gesneden avocado en mango-perziksalsa.

82. Champignontaco's met Chipotle Cream

Maakt: 4

INGREDIËNTEN:
- 1 middelgrote rode ui, dun gesneden
- 1 grote portobello-champignons, in blokjes van $\frac{1}{2}$ inch gesneden
- 6 teentjes knoflook, fijngehakt
- Zeezout naar smaak
- 12 maïstortilla's van 6 inch
- 1 kopje Chipotle-roomsaus
- 2 kopjes geraspte snijsla
- $\frac{1}{2}$ kopje gehakte verse koriander

INSTRUCTIES:
a) Verhit een grote koekenpan op middelhoog vuur.
b) Voeg de rode ui en portobello champignons toe en roerbak 4 tot 5 minuten.
c) Voeg 1 tot 2 eetlepels water per keer toe om te voorkomen dat de ui en champignons blijven plakken.
d) Voeg de knoflook toe en bak 1 minuut. Breng op smaak met zout.
e) Voeg terwijl de champignons koken 4 tortilla's toe aan een koekenpan met anti-aanbaklaag en verwarm ze een paar minuten tot ze zacht worden.
f) Draai ze om en verwarm nog 2 minuten. Verwijderen

83. Taco's met linzen, boerenkool en quinoa

Maakt: 8 Porties

INGREDIËNTEN:
VULLING
- 3 kopjes quinoa, gekookt (1 kopje droog)
- 1 kopje linzen, gekookt (½ kopje droog)
- Een batch Taco Seasoning
- 1 eetlepel kokosolie
- 3 grote bladeren boerenkool, stelen verwijderd, gehakt
- Tacoschelpen met blauwe mais

TOPPINGEN
- 2 avocado's, ontpit, geschild en in plakjes
- Verse korianderblaadjes Verse limoenpartjes

INSTRUCTIES:
a) Meng gekookte quinoa, linzen, Taco Seasoning, kokosolie en boerenkool in een grote tot medium verwarmde pan. Roer goed gedurende 3-5 minuten tot de hitte de bladeren doet verwelken.

b) Rooster tacoschelpen op een met bakpapier beklede bakplaat volgens de instructies van de fabrikant.

c) Laad schelpen met vulling en bedek met avocado, koriander en een scheutje limoen. Serveer warm.

84. Maïs Salsa Gegarneerd Zwarte Bonen Taco's

Maakt: 4

INGREDIËNTEN:
- Olijfolie koken
- 2 teentjes knoflook
- 2 ½ kopje zwarte bonen, afgespoeld en uitgelekt
- ¼ kopje haver
- ¼ kopje maïsmeel
- 1 eetlepel rode chilipoeder
- 1 theelepel koosjer zout, verdeeld
- ½ theelepel zwarte peper (gemalen en verdeeld)
- 8 maistortilla's (klein)
- 1 kopje maïs, ontdooid indien bevroren
- 1 rode paprika (medium, fijngehakt)
- 1 groene chilipeper (klein, in blokjes)
- 2 lente-uitjes (gehakt)
- 2 limoenen (geperst)
- ¼ kopje verse koriander (gehakt)

INSTRUCTIES:
a) Verwarm de oven voor op 400 ° F en spuit bakolie op een bakplaat.

b) Voeg gehakte knoflook toe aan een verwerkingsmachine met de bonen, haver, chili en maïsmeel. Voeg zout en peper toe voordat u het mengsel verwerkt.

c) Zet een bakplaat klaar en verdeel het mengsel erover. Zorg ervoor dat u het met bakolie besproeit voordat u het mengsel 20 tot 30 minuten bakt.

d) voordat je het met meer frituurolie besproeit en doorgaat met bakken. Dit helpt ervoor te zorgen dat het hele mengsel gelijkmatig wordt gebakken.

e) Eenmaal gebakken, haal je het bonenmengsel eruit in een kom en meng je het goed met maïs, paprika, chili en lente-uitjes.

f) De tortilla's moeten in folie worden gewikkeld en 5 minuten in de oven worden opgewarmd.

g) Verdeel het bonenmengsel over de tortilla's en serveer met maïssalsa en koriandertopping.

85. Gegrilde Haloumi-taco's

Maakt: 4

INGREDIËNTEN:
- Olijfolie
- 2 gepelde korenaren
- Kosjer zout
- Zwarte peper
- 1 kleine, rode ui, in plakjes
- ½ kg halloumi, in dikke plakken gesneden
- 8 maistortilla's

INSTRUCTIES:
a) Bereid de grill voor op middelhoog vuur en olie de roosters grondig.
b) Bestrijk de maiskolven lichtjes met olie en breng op smaak met zout en peper. Meng de uienringen met olie, zout en peper. Grill beide ingrediënten, 10-15 minuten voor maïs en 4 minuten voor uien, en draai ze vaak om om ervoor te zorgen dat ze zacht zijn en op sommige plekken verkoold.
c) Zodra de maïs is afgekoeld, snijdt u de korrels van de kolven en doet u ze in een middelgrote kom.
d) Bestrijk de kaas met een beetje olie, breng op smaak met een beetje peper en zout en gril de kaas aan elke kant een keer om te verkolen en warm volledig op.
e) Verwarm de tortilla's in de magnetron of op een koeler deel van de grill om ze zacht te maken.
f) Verdeel de kaas over de tortilla's en beleg ze met uien, mais, avocado, koriander, salsa en partjes limoen.

86. De eenvoudige veganistische taco

Maakt: 1

INGREDIËNTEN:
- 2 tarwetaco's
- ½ kopje zwarte bonen
- 1 avocado, in plakjes
- 2 cherrytomaatjes, in vieren
- 1 ui, gesnipperd
- Verse peterselie
- Limoensap
- 1 Eetlepel olijf
- olie
- Zout
- Hete saus naar keuze

INSTRUCTIES:
a) Verwarm de taco om hem goed op te warmen.
b) Leg alle ingrediënten in de gewenste volgorde op de taco. Je kunt ook alle groenten in een middelgrote koekenpan opwarmen.
c) Verhit eenvoudig de olie, voeg de uien, bonen en kerstomaatjes toe en strooi een beetje zout over het geheel.
d) Verwijder na een minuut constant roeren.
e) Serveer de taco's, bestrooid met wat peterselie, in plakjes gesneden avocado's, een scheutje limoensap en de hete chilisaus om in te dippen.

87. Bonen en gegrilde maïstaco

Maakt: 2

INGREDIËNTEN:
- 2 maïstaco's
- $\frac{1}{2}$ kopje zwarte bonen
- Gegrilde maïskolven
- 1 avocado, in plakjes
- 2 cherrytomaatjes, in vieren
- 1 kleine ui, gesnipperd
- Verse peterselie
- $\frac{1}{4}$ theelepel komijn
- Zout
- Vers gemalen zwarte peper
- 1 eetlepel Olie om te grillen

INSTRUCTIES:
a) Bereid de grill voor op middelhoog vuur en olie de roosters grondig.

b) Bestrijk de maiskolven lichtjes met olie en breng op smaak met zout en peper. Grill de maïs gedurende 10-15 minuten en draai hem regelmatig om ervoor te zorgen dat hij mals is en op plekken verkoold.

c) Zodra de maïs is afgekoeld, snijdt u de korrels van de kolven en doet u ze in een middelgrote kom.

d) Gooi met zwarte bonen, gesneden avocado, cherrytomaatjes, gehakte uien, verse peterselie en breng op smaak met zout, zwarte peper en komijn. Knijp wat verse limoen uit voor een pittige vulling.

e) Stapel op de taco en geniet ervan met een dip naar keuze.

88. Taco met zwarte bonen en rijstsalade

Maakt: 4

INGREDIËNTEN:
- Taco schelpen
- 3 Limoen, schil en sap
- 1 kop kerstomaatjes, elk in 4 stukken gesneden
- ¼ kopje Rode wijnazijn
- ¼ kopje Rode ui, kleine dobbelstenen
- ¼ kopje mengsel van koriander, basilicum en lente-uitjes, allemaal chiffonade
- 1 theelepel Knoflook, fijngehakt
- 1 blik Maïs, uitgelekt
- 1 groene chilipeper, in kleine blokjes
- 1 Rode, oranje of gele paprika
- 1 blik zwarte bonen, uitgelekt
- 1 ½ kopje witte rijst, gekookt en warm gehouden
- Zout en peper om op smaak te brengen.

INSTRUCTIES:
a) Snijd de kerstomaatjes in vieren en marineer met in blokjes gesneden rode ui, rode wijnazijn, knoflook en zout 30 minuten.
b) Verzamel en bereid de paprika's, kruiden en limoenen. Combineer ze allemaal samen met de uitgelekte zwarte bonen en mais en breng goed op smaak met zout en peper.
c) Voeg het tomatenmengsel toe aan het bonenmengsel. Spatel dan de warme rijst erdoor. Proef en voeg indien nodig zout toe.
d) Serveer in tacoschelpen.

89. Taco's met taaie walnoten

Maakt: 4

INGREDIËNTEN:
TACO VLEES
- 1 kopje rauwe walnoten
- 1 eetlepel gistvlokken
- 1 eetlepel tamari
- ½ theelepel gemalen komijn
- ¼ theelepel chipotle peperpoeder
- 1 theelepel Spaanse peper

VULLING
- 1 Hass-avocado
- 1 Roma-tomaat, fijngesneden
- 6 eetlepels gerookte cashew kaasdip
- 4 grote slablaadjes

INSTRUCTIES:
TACO VLEES
a) Doe walnoten, edelgistvlokken, tamari, chilipoeder, komijn en chipotle chilipoeder in een keukenmachine en pureer tot het mengsel op grove kruimels lijkt.

VULLING
b) Doe voor de toppings de avocado in een kleine kom en pureer met een vork tot een gladde massa. Roer de tomaten erdoor.

c) Om elke taco samen te stellen, leg je een slablad op een snijplank, met de ribben naar boven. Plaats ¼ kopje Walnut Taco Meat in het midden van het vel.

d) Top met 1½ eetlepel van de cashew-kaasdip en een kwart van het avocadomengsel.

90. Seitan-taco's

Voor: 4 taco's

INGREDIËNTEN:
- 2 eetlepels olijfolie
- 12 ons seitan
- 2 eetlepels sojasaus
- 11/2 theelepel chilipoeder
- 1/4 theelepel gemalen komijn
- 1/4 theelepel knoflookpoeder
- 12 (6-inch) zachte maïstortilla's
- 1 rijpe Hass-avocado
- Geraspte Romeinse sla
- 1 kopje tomatensalsa

INSTRUCTIES:
a) Verhit de olie in een grote koekenpan op middelhoog vuur. Voeg de seitan toe en bak tot deze bruin is, ongeveer 10 minuten. Bestrooi met de sojasaus, chilipoeder, komijn en knoflookpoeder, roer om te coaten. Haal van het vuur.
b) Verwarm de oven voor op 225°F. Verwarm de tortilla's in een middelgrote koekenpan op middelhoog vuur en stapel ze op een hittebestendig bord. Bedek ze met folie en plaats ze in de oven om ze zacht en warm te houden.
c) Ontpit en schil de avocado en snijd in plakjes van 1/4 inch.
d) Schik de tacovulling, avocado en sla op een schaal en serveer samen met de verwarmde tortilla's, salsa en eventuele extra toppings.

91. Geweldige tofu-taco's

Maakt: 6 porties

INGREDIËNTEN:
- 1 pond stevige tofu; in blokjes van ½ cm snijden
- 2 eetlepels rode chilipoeder
- ¼ kopje vegetarische Worcestershire-saus
- Bak spray
- ½ rode ui; gehakt
- ¼ kopje Gehakte koriander
- 1 kopje geraspte rode kool
- 1 blik Vegetarische gebakken zwarte bonen
- 12 bloemtortilla's
- Salsa

INSTRUCTIES:
a) Meng in een grote kom de tofu voorzichtig met chilipoeder en Worcestershire-saus. Laat minimaal een uur staan. Verwarm de oven voor op 400 F. Spuit een bakplaat licht in met kookspray. Verdeel de tofu er gelijkmatig over.
b) Spuit de bovenkant lichtjes op de tofu en bak ongeveer 20 minuten tot de tofu bruin en licht krokant is. Haal uit de oven en laat iets afkoelen. Combineer ui, koriander en kool in een middelgrote kom.
c) Verdeel tortilla's over 2 tot 3 bakplaten zodat ze elkaar nauwelijks overlappen.
d) Smeer het midden van elk met ongeveer 1½ eetlepel bonen en plaats in de oven gedurende ongeveer 10 minuten, totdat de tortilla's bruin beginnen te worden en de bonen heet zijn.

e) Leg gelijke hoeveelheden tofu in het midden van elke tortilla.
f) Top met ui-kool-koriandermengsel, vouw dubbel en leg op een serveerschaal. Serveer eventueel met salsa.

92. Rajas con Crema Tacos

INGREDIËNTEN:
VULLING:
- 5 Poblano pepers, geroosterd, geschild, ontpit, in reepjes gesneden
- ¼ water
- 1 Ui, wit, groot, dun gesneden
- 2 teentjes Knoflook, fijngehakt
- ½ kopje Groentebouillon of bouillon

ROOM:
- ½ kopje Amandelen, rauw
- 1 teentje knoflook
- ¾ kopje water
- ¼ kopje amandelmelk, ongezoete of plantaardige olie
- 1 eetlepel vers citroensap

INSTRUCTIES:

a) Verhit een grote sauteerpan op middelhoog vuur, voeg water toe. Voeg de ui toe en fruit 2-3 minuten of tot hij zacht en glazig is.

b) Voeg knoflook en ½ kopje groentebouillon toe, dek af en laat stomen.

c) Voeg de Poblano-pepers toe en laat nog 1 minuut koken. Kruid met peper en zout. Haal van het vuur en laat iets afkoelen.

d) Doe de amandelen, knoflook, water, amandelmelk en citroensap in de blender en mix tot een gladde massa. Kruid met peper en zout.

e) Giet de amandelcrema over de afgekoelde vulling en meng goed.

93. Tinga-taco's van zoete aardappel en wortel

INGREDIËNTEN:
- ¼ kopje water
- 1 kopje dun gesneden witte ui
- 3 Knoflookteentjes, fijngehakt
- 2 ½ kopje geraspte zoete aardappel
- 1 kopje geraspte wortel
- 1 blik (14 ons) Tomatenblokjes
- 1 theelepel Mexicaanse oregano
- 2 Chipotle-paprika's in adobo
- ½ kopje groentebouillon
- 1 Avocado, in plakjes
- 8 Tortilla's

INSTRUCTIES:
a) Voeg in een grote sauteerpan op middelhoog vuur water en ui toe, kook 3-4 minuten, tot de ui glazig en zacht is. Voeg de knoflook toe en blijf 1 minuut koken, al roerend.

b) Voeg zoete aardappel en wortel toe aan de pan en kook 5 minuten, vaak roerend.

SAUS:
c) Doe de tomatenblokjes, groentebouillon, oregano en chipotle pepers in de blender en pureer tot een gladde massa.

d) Voeg de chipotle-tomatensaus toe aan de pan en kook 10-12 minuten, af en toe roerend, tot de zoete aardappelen en wortel gaar zijn. Voeg indien nodig meer groentebouillon toe aan de pan.

e) Serveer op warme tortilla's en top met plakjes avocado.

94. Aardappel en Chorizo Taco's

Maakt: 4 porties

INGREDIËNTEN:
- 1 eetlepel plantaardige olie, optioneel
- 1 kop Ui, wit, fijngehakt
- 3 kopjes Aardappel, geschild, in blokjes gesneden
- 1 kopje veganistische chorizo, gekookt
- 12 tortilla's
- 1 kopje Je favoriete salsa

INSTRUCTIES:
a) Verhit 1 eetlepel olie in een grote sauteerpan op middelhoog vuur. Voeg uien toe en kook tot ze zacht en doorschijnend zijn, ongeveer 10 minuten.

b) Terwijl de uien koken, doe je gesneden aardappelen in een kleine pan met gezouten water. Breng het water op hoog vuur aan de kook. Zet het vuur laag tot medium en laat de aardappelen 5 minuten koken.

c) Giet de aardappelen af en doe ze bij de ui in de pan. Zet het vuur op middelhoog. Kook aardappelen en uien gedurende 5 minuten of tot de aardappelen bruin beginnen te worden. Voeg indien nodig meer olie toe.

d) Voeg gekookte chorizo toe aan de pan en meng goed. Kook nog een minuut.

e) Kruid met peper en zout.

f) Serveer met warme tortilla's en de salsa naar keuze.

95. Zomerse Calabacitas-taco's

Maakt: 4 porties

INGREDIËNTEN:
- ½ kopje groentebouillon
- 1 kop Ui, wit, fijngesneden
- 3 teentjes Knoflook, fijngehakt
- ¼ kopje Groentebouillon of water
- 2 Courgette, groot, in blokjes gesneden
- 2 kopjes Tomaat, in blokjes
- 10 tortilla's
- 1 Avocado, in plakjes
- 1 kopje Favoriete Salsa

INSTRUCTIES:
a) Zet in een grote pan met zware bodem op middelhoog vuur; fruit de ui in ¼ kopje groentebouillon gedurende 2 tot 3 minuten tot de ui glazig is.

b) Voeg knoflook toe en giet de resterende ¼ kopje groentebouillon erbij, dek af en laat stomen.

c) Ontdek, voeg courgette toe en kook 3-4 minuten, tot het zacht begint te worden.

d) Voeg tomaat toe en kook nog 5 minuten, of tot alle groenten gaar zijn.

e) Breng op smaak en serveer op warme tortilla's met plakjes avocado en salsa.

96. Pittige courgette en zwarte bonentaco's

Maakt: 4 porties

INGREDIËNTEN:
- 1 eetlepel plantaardige olie, optioneel
- ½ witte ui, dun gesneden
- 3 teentjes Knoflook, fijngehakt
- 2 Mexicaanse courgette, groot, in blokjes
- 1 blik (14,5 ounce) zwarte bonen, uitgelekt

CHILI DE ARBOL SAUS:
- 2 - 4 Chili de Arbol, gedroogd
- 1 kopje Amandelen, rauw
- ½ Ui, wit, groot
- 3 teentjes Knoflook, ongeschild
- 1 ½ kopje Groentebouillon, Warm

INSTRUCTIES:
a) Verhit plantaardige olie op middelhoog vuur in een grote sauteerpan. Voeg ui toe en fruit 2-3 minuten of tot de ui zacht en glazig is.
b) Voeg de knoflookteentjes toe en bak 1 minuut mee.
c) Voeg de courgette toe en kook tot ze zacht zijn, ongeveer 3-4 minuten. Voeg de zwarte bonen toe en meng goed. Laat nog 1 minuut koken. Kruid met peper en zout.
d) Om de saus te maken: verwarm een bakplaat of gietijzeren pan op middelhoog vuur. Rooster chilipepers aan elke kant tot ze licht geroosterd zijn, ongeveer 30 seconden aan elke kant. Haal uit de pan en zet opzij.
e) Voeg de amandelen toe aan de pan en rooster ze in ongeveer 2 minuten goudbruin. Haal uit de pan en zet opzij.

f) Rooster de ui en de knoflook tot ze licht verkoold zijn, ongeveer 4 minuten aan elke kant.

g) Doe de amandelen, ui, knoflook en chilipepers in de blender. Voeg de warme groentebouillon toe. Verwerk tot een gladde massa. Kruid met peper en zout. Saus moet dik en romig zijn.

97. Asperge taco's

Maakt: 1 portie

INGREDIËNTEN:
- 4 gele maïstortilla's
- 16 stuks asperges, gegrild
- $\frac{1}{4}$ kopje Monterey Jack-kaas, versnipperd
- $\frac{1}{4}$ kopje Witte Cheddar-kaas, versnipperd
- Zout en peper
- Olijfolie, om in te smeren

INSTRUCTIES:
a) Grill klaarmaken.

b) Smeer voor elke taco $\frac{1}{4}$ van de kazen en 4 stukjes asperges op elke tortilla, breng op smaak met zout en peper.

c) Vouw dubbel. Bestrijk de buitenkant licht met olijfolie.

d) Grill 3 minuten aan elke kant of tot de tortilla krokant is en de kaas gesmolten.

98. Taugétaco met rundvlees

Maakt: 8 Porties

INGREDIËNTEN:
- 12 ons Fuji taugé
- 16 tacoschelpen
- ¼ Sla, versnipperd
- ½ pak Taco-kruidenmix (1,6 oz)
- 2 eetlepels plantaardige olie
- 1 Tomaat, in blokjes
- 1 pond Rundergehakt, gekookt/uitgelekt

INSTRUCTIES:
a) Roerbak de Fuji taugé in olie gedurende 30 seconden op het vuur.

b) Voeg rundvlees toe bereid volgens de instructies van de taco-kruidenmix.

c) Haal van het vuur, vul de tacoschelpen met de gewenste hoeveelheid mengsel, voeg tomaat, sla en kaas toe.

99. Taco's met guacamole bonen

Maakt: 1 portie

INGREDIËNTEN:
- 1 pak Tacoschelpen
- 15 ons minder bonen
- Guacamole
- Gehakte uien
- Gesneden tomaten
- Geraspte cheddarkaas

INSTRUCTIES:
a) Verwarm de tacoschelpen in een voorverwarmde oven van 250 graden tot ze grondig zijn verwarmd, 5 minuten.
b) Kook de bonen in een kleine steelpan op laag vuur, onder regelmatig roeren, tot ze goed zijn opgewarmd.
c) schep voor elke taco 2 afgeronde eetlepels, bonen en guacamole in een taco-schaal, bestrooi met ui, tomaat en kaas.
d) Eventueel kan er ook wat fijngehakte sla bij.

100. Linzen taco's

Maakt: 4 Porties

INGREDIËNTEN:
- 1 kop Uien; gehakt
- ½ kopje bleekselderij; gehakt
- 1 teentje knoflook; gehakt
- 1 theelepel olijfolie
- 1 kopje rode linzen
- 1 eetlepel Chilipoeder
- 2 theelepels gemalen komijn
- 1 theelepel gedroogde oregano
- 2 kopjes kippenbouillon; ontvet
- 2 eetlepels Rozijnen
- 1 kopje Milde of pittige salsa
- 8 maistortilla's
- Geraspte sla
- Gesneden tomaten

INSTRUCTIES:
a) Fruit in een grote koekenpan op middelhoog vuur de uien, bleekselderij en knoflook 5 minuten in de olie. Roer de linzen, chilipoeder, komijn en oregano erdoor. Kook gedurende 1 minuut. Voeg de bouillon en rozijnen toe. Dek af en kook gedurende 20 minuten, of tot de linzen gaar zijn.

b) Verwijder het deksel en kook, onder regelmatig roeren, tot de linzen ingedikt zijn, ongeveer 10 minuten. Roer de salsa erdoor.

c) Wikkel de tortilla's in een vochtige papieren handdoek en magnetron gedurende 1 minuut op hoge stand, of tot ze zacht zijn.
d) Verdeel het linzenmengsel over de tortilla's.
e) Werk af met de sla en tomaten.

CONCLUSIE

Taco's zijn een veelzijdige en smakelijke maaltijd waar mensen van alle leeftijden van kunnen genieten. Met hun eindeloze mogelijkheden voor vullingen en toppings kunnen ze worden aangepast aan ieders smaakvoorkeuren. Van eenvoudige taco's met rundvlees en kaas tot meer uitgebreide opties voor vegetarisch of zeevruchten, er is een taco-recept waar iedereen van kan genieten. Dus de volgende keer dat je in de stemming bent voor een snelle en bevredigende maaltijd, overweeg dan om een paar heerlijke taco's te maken en laat je smaakpapillen verwennen.

www.ingramcontent.com/pod-product-compliance
Lightning Source LLC
Chambersburg PA
CBHW070351120526
44590CB00014B/1085